DIETER EMEIS

MIT DEN SAKRAMENTEN LEBEN

Dieter Emeis

Mit den Sakramenten leben

EIN KLEINER KATECHISMUS

HERDER
FREIBURG · BASEL · WIEN

Umschlagbild: G + J-Fotoservice

Zweite Auflage

Herstellung: Freiburger Graphische Betriebe 1993
ISBN 3-451-23055-0

INHALT

VORWORT

Der christliche Glaube an Gott kann unterschiedlich zum Ausdruck kommen. Eine Weise ist das Glaubensbekenntnis. In ihm wird ins Wort gebracht, wer Gott für uns ist und sein will. Eine Hilfe dazu legte ich den der „Anleitung zum Glaubensbekenntnis" (Freiburg 1986) vor. Eine andere Weise der Glaubensäußerung sind die Feiern der Sakramente. In ihnen verbinden sich Worte vom Wirken Gottes am Menschen mit Handlungen. In diesen Handlungen will Gott dem ganzen Menschen mit Leib und Seele erneuernd, heilend, befreiend nahekommen. Wo Christen sich darauf einlassen, ist dies ein *leibhaftiges Glaubensbekenntnis.* So können Menschen durch den Mitvollzug der Sakramente christlich an Gott glauben lernen und mit dem Geheimnis ihres Lebens immer tiefer vertraut werden. Dazu möchte dieser kleine Katechismus eine Hilfe anbieten. Am Beispiel der Sakramente möchte er mitteilen, welche Lebensmöglichkeiten und Kräfte im christlichen Glauben an Gott eröffnet und geschenkt werden.

In der Zeit seit dem letzten Konzil ist intensiv an einer *Neugestaltung der sakramentalen Feiern* gearbeitet worden. Als Ziel gab das Konzil vor, „daß die Gläubigen die sakramentalen Zeichen leicht verstehen" (Liturgiekonstitution Nr. 59). Dieses Ziel ist allein mit der Vorlage neuer liturgischer Bücher nicht zu erreichen. Es müssen Verstehenshilfen hinzukommen. Es muß ein Austausch von Erfahrungen mit der Feier der Sakramente gesucht werden, damit diese bei der näheren Ausgestaltung der Liturgien zur Wirkung kommen können. Dabei geht es um den unserer Zeit aufgetragenen Übergang von Gemeinden, die mit den Sakramenten versorgt werden, zu Gemeinden, die in den Sakramenten ihren Glauben an den lebendigen Gott feiernd miteinander teilen. Die Fähigkeit, an diesem Übergang mitzuwirken, möchte dieser kleine Katechismus gerne fördern.

Ein besonders ermutigendes Zeichen im Leben unserer Gemeinden ist die Teilnahme vieler *ehrenamtlicher Katechetinnen und Katecheten* an der Gemeindekatechese. Bei ihnen erwacht nicht selten das Verlangen, die eigene Beziehung zu den Sakramenten neu zu orientieren und zu vertiefen. Einige werden dazu Hilfe finden in der theologischen Literatur. Vielen bereitet allerdings die theologische Fachsprache Schwierigkeiten. Darum sucht dieser Katechismus eine Sprache, die zwar theologisch gründlich bedacht ist, aber den Ertrag der theologischen Bemühung möglichst einfach mitteilt. Vielleicht kann dadurch sogar eine aktive Teilnahme an einem für unsere Zeit fruchtbaren Verstehen der Sakramente und an einer für viele zugänglichen Praxis ihrer Feiern angeregt werden.

I. ZEICHEN DER NÄHE GOTTES

Menschen teilen miteinander nicht nur Worte

Worte sind für uns Menschen sehr wichtig. In ihnen teilen wir uns mit. In ihnen erhalten wir von anderen Anteil an ihrem Leben. So entsteht und wächst Gemeinschaft unter Menschen. Wo Menschen keine Worte austauschen, bleiben sie nebeneinander.

Es gibt Worte, von denen wir leben. Worte der Zuwendung, des Mitleids und der Mitfreude schenken uns die lebensnotwendige Erfahrung, angenommen zu sein. Worte der Ermutigung und des Lobes zeigen uns, daß wir etwas können. Worte der Kritik helfen uns, unseren Weg zu finden. Worte der Hoffnung lassen uns aufbrechen in die Zukunft. Wo Menschen keine Worte empfangen, die sie stärken und nähren, können sie verhungern trotz voller Tische.

Wie wichtig Worte für den Menschen sind, sehen wir an Kindern. Wo mit ihnen nicht gesprochen wird, können sie sich nicht entwickeln. An Kindern sehen wir zugleich, daß Worte zusammengehören mit anderen Zeichen und Handlungen. Eltern sprechen nicht nur mit ihren Kindern. Sie geben ihnen ihre Nähe zu spüren. Sie nähren und pflegen sie. Sie trösten und beruhigen sie. Sie umgeben ihr Kind mit einem Klima der Geborgenheit. Oft entwickeln sie Handlungsabläufe, die sich wiederholen und in denen das Kind gleichsam Wohnung nehmen kann. So geben sie ihrem Kind ihre Liebe nicht nur durch Worte, sondern auch durch leibhaftige Nähe, durch eine Gestaltung seiner Welt, durch Handlungen.

Lebenslang brauchen wir Menschen nicht nur Worte, von denen wir leben können. Menschen, die miteinander vertraut sind, tauschen Zärtlichkeiten aus. Der direkte leibhaftige Kontakt mit anderen bleibt oft auf das Geben der Hände beschränkt. Gleichwohl haben wir durch eine ganze Welt der Blicke und Gesten Möglichkeiten der Gemeinschaft mit anderen. Schon das Zusammenkommen ist Ausdruck der Gemeinschaft und dient ihr zugleich. Das gemeinsame Essen und Trinken zeigt Verbundenheit an und pflegt sie. Geschenke geben in der Gabe immer auch ein Zeichen. Besondere Ereignisse wie Geburten und Hochzeiten, wichtige Anfänge oder Abschiede, Gedenktage und Beerdigungen werden nicht nur sprachlich, sondern auch durch Zeichenhandlungen begangen.

Jesus – das Sakrament Gottes für uns

Gottes Wort ist für uns ganz wichtig. In ihm teilt Gott sich selbst den Menschen mit. Davon können und sollen wir leben. In seinem Wort erreicht uns der wirksame Wille unseres Gottes, daß – hier und heute beginnend – alles gut werden soll. Wo Menschen Gottes Wort aufnehmen und es leben, entsteht und wächst Gemeinschaft zwischen Gott und ihnen.

Gott blieb nicht nur beim Wort. Im Johannes-Evangelium heißt es: „Und das Wort ist Fleisch geworden und hat unter uns gewohnt" (1,14). Dieser Satz spricht von dem Geheimnis, daß Gott in einem Menschen berührbar wurde und Menschen berührte. Er wurde sichtbar und konnte gesehen werden. Er wohnte bei den Menschen, war mit ihnen unterwegs, aß und trank mit ihnen. Dies tat er in seinem Sohn, der Mensch wurde. In ihm gab sich Gott so, wie es wohl in keinem Wort möglich ist. Und die Menschen nahmen ihn nicht auf. Daran litt und starb der Sohn, um mit diesem Weg der Liebe doch noch alle und alles mit Gott zu versöhnen. Unter der Last der Sünde wurde sogar Jesus das Geheimnis seines Gottes dunkel. Dennoch starb er seinen Tod liebend in die Hände des Vaters. Dadurch wurde dieser Tod zum Weg ins Leben – für ihn und für uns.

Das Wort „Sakrament" klingt vielen Ohren fremd, ja fast technisch. Wir können auf das Wort nicht verzichten, weil es zur Geschichte unserer Kirche gehört. Wir können und müssen das Wort durch unser Verstehen gleichsam aufladen und erwärmen. Der erste Schritt dazu ist, daß wir den Menschen Jesus als das eigentliche Sakrament Gottes, als Zeichen seiner alles gut machenden Liebe wahrnehmen und aufnehmen.

Die Kirche als Sakrament und ihre Sakramente

Der Auferstandene fand und findet Menschen, die ihn aufnehmen. In ihnen wirkt er durch seinen Geist. Durch das Zeugnis ihres Lebens und ihrer Worte sollen nun sie sichtbar machen, was der Wille Gottes auf unserer Erde ist und wie er beginnt, ihn zur Wirkung zu bringen. Die Gemeinschaft der

Glaubenden – die Kirche – gibt es als Zeichen für die Welt. In unserer Zeit ist nach den Aussagen unseres letzten Konzils ihr wichtigster Auftrag, der Vereinigung der Menschen mit Gott und ihrer Einheit untereinander zu dienen. So soll die Kirche selber Sakrament sein und nicht nur Sakramente haben. Die Kirche ist z. B. in der Pflege der Kranken für diese ein wirksames Zeichen, daß Gott ihnen nahe ist. Die Kirche ist dadurch, daß sie in sich Menschen aus vielen Nationen als Schwestern und Brüder zusammenführt, ein Werkzeug Gottes bei der Sammlung der getrennten Völker zu einer versöhnten Menschheit. Durch Werke wie MISEREOR wirkt die Kirche als Sakrament für eine gerechtere Weltsozialpolitik. Bekennen müssen wir allerdings auch, daß wir als Kirche an unserer Sendung, Gottes Zeichen für die Welt zu sein, vielfältig versagen.

Im Laufe der Kirchengeschichte bildeten sich sieben Zeichenhandlungen als die Sakramente der Kirche heraus. Sie haben alle ihren Grund im Wirken Jesu. Sie stehen nicht einfach nebeneinander. Die Sakramente der Taufe, der Firmung und der Eucharistie nehmen Menschen in die Gemeinschaft der Kirche hinein, wobei die Eucharistie zugleich das Sakrament des Bleibens und Wachsens in der Christus- und Kirchengemeinschaft ist. Das Bußsakrament ist das Zeichen der Tauferneuerung. In der Krankensalbung führt die Kirche die Praxis Jesu fort, sich in besonderer Weise den Kranken zuzuwenden. Die Ehe von Christen ist ein Sakrament, weil in ihrer einzigartigen Treuebindung menschliche Liebe zum Zeichen der Liebe Gottes wird. Schließlich feiert die Kirche auch, wo Menschen das Amt übertragen bekommen und uns sowohl mit dem Ursprung der Kirche als auch mit den vielen mit uns lebenden Ortskirchen unserer Erde in Liebe verbinden.

Die Sakramente sind die hervorgehobenen, aber nicht die einzigen Zeichenhandlungen im Leben der Kirche. Auf vielfältige Weise kann das Gebet verbunden werden mit Segens- und Weihegesten. Häufig geschieht dies durch Handauflegungen, durch das Zeichen des Kreuzes und durch Besprengung mit geweihtem Wasser. Man nennt diese Handlungen wegen ihrer Verwandtschaft mit den Sakramenten auch Sakramentalien. Gesegnet werden vor allem Menschen. Viele Eltern segnen z. B. ihre Kinder am Abend. Christen, die einander wichtig sind, segnen sich gegenseitig bei Antritt einer Reise. Für die Übernahme eines Dienstes in der Gemeinschaft können Christen am Ende fürbittenden Gebetes gesegnet werden. Der Segen reicht tiefer als ein guter Wunsch. Er ruft Gottes helfende und beistehende Nähe herab. Wo auch Dinge wie z. B. Wohnungen, Geräte oder Nahrung gesegnet werden, zielen diese Handlungen immer auf die Menschen, für deren Leben die Dinge dasein sollen. Ähnliches gilt bei der Weihe von Gegenständen. Sie werden in Dienst genommen für die Begegnung von Menschen mit ihrem Gott. Viele Sakramentalien sind abhängig von familialer oder örtlicher Kultur. Solange sie nicht die Sakramente überwuchern, können sie die Ausdrucksmöglichkeiten des Glaubens bereichern.

Glaubende Begegnung

Wenn wir das, was uns Menschen verbindet, zum Ausdruck bringen, wird dadurch die Verbundenheit gestärkt und vertieft. Eine Versöhnung, die begangen wird, gewinnt dadurch an erneuernder Kraft. Wenn Eltern ihr Kind in einem Ritus zu Bett bringen, geben sie ihrer Beziehung zu ihrem Kind eine Gestalt, und dadurch bleibt diese Beziehung am Leben und wächst sie weiter. So können wir in eine Begegnung Offenheit, Vertrauen und Verbundenheit einbringen und erfahren zugleich, wie durch die Begegnung unsere Geschichte mit anderen weitergeht.

In unserer Begegnung mit Gott im Sakrament, bringen wir unseren Glauben an ihn zum Ausdruck. Uns muß anfanghaft in unseren Herzen aufgegangen sein, wie der lebendige Gott uns in Jesus sucht und gut an uns handeln will. Wir müssen Anteil am Glauben der Kirche empfangen haben, daß Jesus neu unter uns lebt und wirkt. Der Glaube läßt uns die Begegnung mit Jesus in seinem Wort und in den Zeichen seines Daseins bei uns suchen. Wir trauen ihm zu, daß er in der Kraft Gottes uns erneuern und heilen, uns vergeben und aufrichten, uns stärken und nähren, uns reinigen und erleuchten kann und will. Manchmal oder auch oft mag unser Glaube schwach und angefochten sein. Es genügt, wenn er uns dazu drängt, die Begegnung mit Jesus zu suchen.

In der Begegnung, die uns der Glaube suchen läßt, erfahren wir eine Stärkung unseres Glaubens. In sakramentalen Feiern bringen wir einerseits unseren Glauben zum Ausdruck; andererseits empfangen wir ihn darin als Geschenk Gottes. Das ereignet sich nicht in jeder Begegnung auf die gleiche Weise. Gott hat viele Möglichkeiten, dem Vertrauen, das wir ihm entgegenbringen, recht zu geben. Er hat Zeiten, in denen er uns seines Daseins bei uns gewiß macht. Er weiß, wann er die Augen unseres Herzens erleuchten muß. Er gibt die Begegnungen, die uns im Glauben an ihn und in der Hoffnung auf ihn leben lassen.

So geschieht mit uns in sakramentalen Handlungen ähnliches wie mit Menschen zur Zeit Jesu. Sie wurden angezogen davon, wie er von Gott sprach und mit den Menschen umging. So kamen sie zu ihm mit dem Glauben, daß er ihre Not sehen und ihnen helfen werde. Jesus nahm ihre Not an. Der Glaube, mit dem die Menschen zu ihm kamen, öffnete ihm den Weg, ihnen in ihrer Not zu helfen. So konnte der Glaube der Menschen wachsen zu der Einsicht, daß sie in Jesus wirklich von der neuen Nähe Gottes unter den Menschen berührt werden.

Handeln Gottes am Menschen

Diese Erinnerung an die Begegnung Jesu mit Menschen damals kann uns helfen, sakramentale Handlungen von magischen Handlungen zu unterscheiden. Magisch nennen wir die Handlungen, in denen vom korrekten Vollzug die Wirkung erwartet wird. Der Mensch vertraut sich der Handlung an, nicht dem Gott seines Lebens, der ihn in Jesus sucht. Die Magie nimmt keine Geschichte mit Gott auf und führt sie dann auch nicht weiter. Das Sakrament setzt voraus, daß Menschen sich auf ihre Geschichte mit Gott eingelassen haben. Und es steht selbst im Dienst der Geschichte eines Menschen mit Gott. Die Wirkung des Sakramentes erwartet der Glaubende vom Gott seines Glaubens.

Das heißt nicht, daß Gott sein Handeln vom Glauben des Menschen abhängig macht. Gott sucht die Menschen auch wo sie sich nicht finden lassen. Er nimmt sie an, auch wo sie sich ihm verweigern. Er beschenkt sie, auch wo sie nicht die Hände und Herzen öffnen. Er ist ihr Licht, auch wo sie die Finsternis mehr lieben. Jedes Sakrament bringt diese bedingungslose Liebe Gottes zum Menschen zum Ausdruck. Diese Liebe Gottes kann den Menschen aber nur erreichen, wo dieser sie an sich geschehen läßt. Die Menschen in seiner Heimat trauten Jesus nicht zu, daß er ihnen die Nähe Gottes bringt. Darum konnte er dort keine Zeichen der Nähe Gottes wirken. Weil Gott eine Beziehung der Liebe zum Menschen sucht, achtet er dessen Freiheit. Glaube ist die freie Antwort des Menschen auf Gottes Werben um ihn.

Feiern der Glaubensgemeinschaft

Zum menschlichen Leben gehören Feste. Da gibt es kleine Feste wie z. B. den Feierabend. Ein großes Fest ist die Hochzeit. Um miteinander feiern zu können, brauchen Menschen einen gemeinsamen Grund zur Freude. Bei Feten muß dieser Grund nicht tief reichen. Bei Festen, die auch die Beladenen und Verwundeten einbeziehen sollen, müssen Menschen eine Überzeugung von einem tragenden Grund und einer ganz starken Hoffnung ihres Lebens gemeinsam haben. In unserer Gesellschaft verbindet uns nicht mehr eine gemeinsame Grundüberzeugung. Darum haben wir kein Fest, das wir mit allen teilen können. Was uns als Kirche verbindet, können wir in unseren Sakramenten feiern.

Es ist immer Gott, den wir in unseren Festen feiern. Darum nennen wir die Sakramente auch Gottesdienste. Dieses Wort will nicht sagen, daß wir Gottes Reichtum durch unseren Lobpreis mehren könnten. Es tut vielmehr uns gut und erhebt uns in unseren Bedrängnissen und Verirrungen, wenn wir den Gott unseres Glaubens verehren. In Worten und symbolischen Handlungen wird dabei Gegenwart, wie er uns mit Macht und Erbarmen zugewandt ist.

In den sakramentalen Feiern wird an einzelnen gehandelt – im Wasserbad der Taufe, durch Salbung mit Öl oder durch Handauflegung. Auch im eucharistischen Mahl lassen sich einzelne in der Gemeinschaft mit der Hingabe Jesu bis in den Tod beschenken. Und es handeln einzelne im Namen des lebendigen Gottes. Doch dies geschieht in der Gemeinschaft der Versammelten. Die Gemeinde der Christen ist darum der Raum, in dem die Sakramente gefeiert werden. Dem Zusammenkommen im Namen des Herrn gilt die Verheißung seiner bleibenden und immer neuen Gegenwart. Und in diesem Raum handelt der Auferstandene an den Glaubenden in der Kraft seines Geistes.

Die gemeinsame religiöse Überzeugung von Menschen erkennt man immer besonders deutlich an ihren Feiern. So erkennt man uns Christen in besonderer Klarheit an den beiden Sakramenten, die im apostolischen Glaubensbekenntnis als Zeichen der Kirche genannt werden: Taufe (Vergebung der Sünden) und Eucharistie (Gemeinschaft am Heiligen). In der Taufe feiern wir, daß das Leben des Auferstandenen größere Macht über uns bekommt als die vielfältige Macht des Todes. In der Eucharistie werden wir in der Gemeinschaft, in die wir dadurch hineingenommen sind, dauernd erneuert und ernährt, gehalten und weitergeführt. Im Zusammenkommen zu diesen Feiern bekennen wir uns zur Glaubensgemeinschaft und erkennen wir uns gegenseitig als Schwestern und Brüder in dieser Gemeinschaft.

Dauernde Erneuerung der Gemeinde und ihrer Sakramente

Für die Sakramente ist nicht nur wichtig, daß sie gültig und erlaubt begangen werden. Es müssen in ihnen auch Erfahrungen gläubiger Begegnung mit dem Nahesein Gottes unter uns Menschen möglich sein. In ihnen müssen Glaubende durch die Gemeinschaft des Glaubens wirklich und wirksam gestärkt werden. Es war und ist das Anliegen der Erneuerung der Liturgie der Sakramente, daß Menschen in ihnen ihren Glauben zum Ausdruck bringen und von den Zeichen der Nähe Gottes ergriffen werden. Auch wenn inzwischen die Liturgie aller Sakramente neu gestaltet ist, bleibt zu fragen, ob damit die Ziele der Erneuerung befriedigend erreicht wurden. Die Reform der Sakramente ist nie abschließbar, weil die Menschen, die in ihnen ihren Glauben feiern, in der Geschichte leben.

Deutlicher wird seit einiger Zeit, daß die Erneuerung der Sakramente und die Erneuerung der

Gemeinde zusammengehören. Wenn die Sakramente Feiern der Gemeinde sind, dann hängt ihre Anziehungs- und Überzeugungskraft von dem Glaubensleben der Gemeinde ab. Sehr oft werden die Sakramente nur als Amtshandlungen des Priesters verstanden. Sehr anfänglich beginnen da und dort Gemeinden Mitverantwortung für die Feier der Sakramente zu übernehmen. Wenn hier von „Gemeinde" die Rede ist, dann ist nicht nur an den Plural ihrer Mitarbeiterinnen und Mitarbeiter gedacht. Immer wichtiger werden die kleineren Gemeinschaften, in denen Christen zum Glaubensaustausch zusammenfinden und dann auch darüber sprechen können, wie sie ihren Glauben zusammen mit anderen Gemeinschaften im größeren Raum der Gemeinde glaubwürdiger und anziehender feiern können.

Das hat Folgen für die hier versuchten Katechesen zu den Sakramenten. Sie wollen nicht nur eine vorgegebene Praxis der Sakramente erschließen. Sie wollen auch Fragen anstoßen, ob und wie die sakramentalen Handlungen lebendig bleiben können durch ihre dauernde Erneuerung und durch die dauernde Erneuerung der Gemeinde, die sie feiert.

Wo Menschen ihren Weg ohne Sakramente gehen

Wir leben immer mehr mit Menschen, die nicht getauft sind oder als Getaufte doch keinen andauernden Anteil am sakramentalen Leben der Kirche haben. Was dürfen wir für Gottes Geschichte mit diesen vielen Menschen hoffen? Es hat einmal die Angst gegeben und gibt sie da oder dort noch heute, daß Gott die Menschen nur über das Wort des

Evangeliums und nur über die Sakramente erreicht. Gegen diese Angst glauben wir der Botschaft Jesu von seinem Gott und Vater. Er ist der Gott und Vater aller Menschen und will alle an sich ziehen. Dazu will er, daß allen das Evangelium verkündet wird und daß alle in den Sakramenten seine Nähe erfahren. Aber nicht alle erreicht das Evangelium als Ruf zum Glauben. So können auch nicht alle Gottes Nähe in den Sakramenten suchen. Wir dürfen vertrauen, daß Gott Wege hat und geht, um auch mit diesen vielen Menschen seine Geschichte der Liebe zu haben.

Dieses Vertrauen lebt auch von dem, was wir an Menschen ohne Glaubensgemeinschaft mit uns sehen. Viele von ihnen beschämen uns in ihrer Liebe zum Nächsten, mit ihrer Geduld im Leid, durch ihren Einsatz für eine geschwisterlichere Menschheit. So können sie nur leben durch denselben Geist, der uns glauben läßt und der uns in den Sakramenten geschenkt und erneuert wird. Gott wirbt um die Liebe jedes Menschen, und er gibt jedem Menschen das Geschenk, ihm darauf zu antworten. Das ist das Geheimnis, das jeden Menschen umgibt und uns seine Würde ahnen läßt.

Wird es in dieser Überzeugung unwichtig, ob Menschen auch die Botschaft des Evangeliums hören und mit uns die Sakramente feiern? Zur Antwort auf diese Frage müssen wir zuerst in unser eigenes Leben schauen. Wie wichtig ist es für uns, daß wir das Wort Gottes hören und unserem Gott im Sakrament begegnen dürfen? Wenn wir das Evangelium als wirkliche Kraft für unser Leben erfahren, muß es uns danach drängen, es mit allen zu teilen. Wenn uns unsere Taufe wirklich in ein

Leben voller Hoffnung geführt hat und wenn wir in der Feier der Eucharistie wirklich Nahrung und Trost, Reinigung und Stärke erfahren, dann müssen wir allen von Herzen wünschen, daß sie zur Teilhabe daran finden.

Hinzu kommt die Erfahrung, daß menschliches Leben um uns herum nicht nur gelingt. Da gibt es viel Mißgunst, Neid und sogar Haß. Viele für die Menschen wichtige Beziehungen zerbrechen – nicht nur aus Mangel an gutem Willen, sondern auch aus Schwäche. Viele sind mutlos und resigniert. Manche verbittern in ihrem Leid. Die Frage, ob wir Menschen genug innere Kraft für die Solidarität haben, die wir für eine gemeinsame Zukunft brauchen, ist bedrängend. Wir müssen nicht in der Angst leben, daß Gott den Menschen ohne Evangelium und Sakramente fern ist. Wir müssen uns aber darum sorgen, daß Gottes Nähe bei ihnen stärker ist als die vielfältige Macht des Todes. So müssen wir uns auch um unser eigenes Leben sorgen. Wenn uns in dieser Sorge die Sakramente wichtig sind, dann müssen wir danach verlangen, daß auch die anderen zu diesen Quellen des Lebens finden.

II. DIE SIEBEN SAKRAMENTE

1. DIE TAUFE

Am Anfang der Kirche wurden durch die Taufe Erwachsene in die Gemeinschaft der Christen aufgenommen. Auch heute müssen wir von der Erwachsenentaufe ausgehen, um von ihr her die Kindertaufe in den Blick zu nehmen.

Stufen eines Weges bis zur Taufe

In der Apostelgeschichte lesen wir, wie Juden und Heiden zum Glauben an Jesus als Gottes Gabe an uns Menschen kommen. Wenn sie das im Bekenntnis zu Jesus als Christus zum Ausdruck brachten, wurden sie getauft. Ihrer Taufe ging etwas voraus. Später wurde dieser Weg ausgestaltet. Die Taufbewerber brauchten mehr Zeit, um zu wirklicher und wirksamer Gemeinschaft mit den sich entwickelnden Christengemeinden zu finden. Die Stufen des Glaubensweges bis zur Taufe werden in unserer Kirche etwa wie folgt beschrieben.

(1) Begegnung mit dem Lebens- und Wortzeugnis von Christen: Gott beruft neue Menschen für die Kirche als sein Zeichen in der Welt zuerst durch Christen. Von ihrem Leben muß eine anziehende Kraft ausgehen. Durch das Leben von Christen kann bei anderen der Wunsch aufkommen, ähnlich wie die Christen mit ihren Möglichkeiten und Grenzen, mit Freude und Trauer, mit sich selbst

und den anderen, mit Wunden und Lasten umgehen zu können. Dieser Wunsch kann vor allem dort geweckt werden, wo Christen ihre Zeit, ihre Habe und ihre Kraft mit anderen teilen, auf Herrschaft und Gewalt über andere verzichten, ihren Schuldnern vergeben und den Menschen auch noch in ihren Schwächen mit Wohlwollen begegnen können. Da kann es sein, daß Christen gefragt werden, wie sie zu diesem Leben kommen. Ihre Antwort kann sein, daß sie das Evangelium in eine neue Weise des Lebens für Gott und füreinander ruft. Sie können bezeugen, daß sie Kraft und Anregung dafür bekommen, wenn sie Gemeinschaften des Glaubens an das Evangelium bilden. Durch dieses Zeugnis kann Gott Menschen berufen, sich dem Evangelium zu öffnen und Teilhabe an der Glaubensgemeinschaft zu suchen.

(2) Zustimmung und Bitte um Aufnahme in die Gemeinschaft: Die erste Antwort des Menschen auf Gottes Ruf ist, daß er in seinem Herzen „ja" sagt zu dem Leben, wie Gott es ihm schenken will. Einem Menschen geht auf, daß Gott mit ihm eine Geschichte hat und ihm dieses Geheimnis seines Lebens durch Jesus offenbart. Nun beginnt er, bewußt auf Gottes Geschichte mit ihm einzugehen. Er fängt an, sich von Jesus in sein liebendes Vertrauen zu seinem Gott und Vater hineinnehmen und davon sein Leben prägen zu lassen. Diese beginnende Antwort eines Menschen auf den im Evangelium erfahrenen Ruf Gottes hat nicht nur eine Innenseite, die das Geheimnis zwischen einem Menschen und seinem Gott ist und bleibt. Gott will durch das Evangelium eine neue Menschheit von miteinan-

der versöhnten Schwestern und Brüdern zusammenrufen. Wo ein Mensch diesem Gott glaubend zu antworten beginnt, muß er Gemeinschaft suchen mit Schwestern und Brüdern, die sich bereits haben zusammenrufen lassen. Er muß um Teilhabe an dem bitten, was diese Brüder und Schwestern glaubend, hoffend und liebend miteinander verbindet.

(3) Der Katechumenat: Menschen bitten um die Aufnahme in die Kirche bei einer konkreten Gemeinde. Diese bietet ihnen im Katechumenat einen Raum an, in dem sie in das christliche Leben hineinwachsen können. Christen, die dazu bereit und fähig sind, nehmen Gemeinschaft mit den Bewerbern auf, erzählen ihnen von ihrem Leben als Christen, und eröffnen ihnen die Wahrheiten, aus denen sie leben. Hervorgehobene Verantwortung übernehmen die Taufpaten. Für die Katechumenen sind sie die ihnen besonders verbundenen Begleiter. Für die Gemeinde bezeugen sie die Glaubwürdigkeit der Taufbewerber. Auf dem Weg zur Taufe gibt es Feiern, in denen die wachsende Gemeinschaft begangen wird. Besonders wichtig ist der Schritt, durch den die Katechumenen – möglichst in der Bischofskirche – als neue Christen eingeschrieben und begrüßt werden. In eigenen Feiern kann ihnen das „Vater unser" als das gemeinsame Gebet der Christen und das Glaubensbekenntnis als die Zusammenfassung der christlichen Lebenswahrheiten übergeben werden. Das Verlangen, durch die Gemeinschaft mit Jesus Christus in die Gemeinschaft der Christen hineingenommen zu werden, führt in die vierzig Tage der unmittelbaren Taufvorbereitung.

Diese Zeit begeht die ganze Gemeinde als österliche Bußzeit und damit als Zeit, in der sie sich in der Solidarität mit ihren Taufbewerbern selbstkritisch nach ihrer Treue zu ihrer Taufberufung fragt.

Die Feier der Eingliederung

Beim Weg des erwachsenen Taufbewerbers wird deutlich, daß der sakramentalen Handlung eine Glaubensgeschichte vorausgeht. Der Weg zeigt zudem, daß es um Glaubensgemeinschaft geht. Vor dem näheren Blick auf die Taufe ist zunächst das ganze Geschehen der Eingliederung zu vergegenwärtigen. Die neuen Christen werden nicht nur getauft und dadurch neu geschaffen als Töchter und Söhne des lebendigen Gottes. Ihre Taufe erfährt in der unmittelbar anschließenden Firmung ihre Vollendung. Die Neugetauften werden durch Handauflegung und Salbung besiegelt durch die Gabe Gottes, den Heiligen Geist. Durch Taufe und Firmung sind sie Vollbürger des neuen Volkes Gottes aus den vielen Völkern. Darum dürfen und sollen sie nun auch teilhaben an dem Geheimnis der Eucharistie, aus dem dieses Volk lebt und durch das es immer wieder in Einheit zusammengeführt wird. Taufe und Firmung eröffnen also die Eucharistiegemeinschaft. Sie sind die Zugänge zur „Gemeinschaft am Heiligen". Es ist die Gemeinschaft, der Gott selbst sich in der Hingabe des Sohnes mitteilt. Ohne Firmung und Eucharistie kann die Taufe nicht ganz gesehen werden. Andererseits werden wir bei Firmung und Eucharistie neu an die Taufe zu erinnern haben.

Die Mitte der Taufhandlung

Die Täuflinge werden bei ihrem Namen gerufen und dreimal ins Wasser getaucht bzw. mit Wasser übergossen. Dies geschieht „im Namen des Vaters und des Sohnes und des Heiligen Geistes". In der symbolischen Handlung überantworten sich die Täuflinge zunächst einem Untergang. Aus ihm werden sie im Namen ihres Gottes neu geboren. Es geht etwas zu Ende, und ein Anfang wird gemacht. Altes wird abgelegt, und Neues wird geschenkt. Der Tod wird angenommen und vorweggenommen, und aus ihm erstehen die Getauften zum Leben, über das der Tod keine Macht mehr hat.

Wichtig ist, daß die Taufe ihren ersten Ort in der Osternacht hat. Es ist die Nacht, in der die Christen das neue, sieghafte Leben des Gekreuzigten feiern. Die Erniedrigung des Sohnes hinein in ein Menschenleben bis in die Dunkelheit des Todes am Kreuz war der Weg in die Herrlichkeit beim Vater. Und es war das Geschehen, durch das Sünde und Tod entmachtet wurden. Die Geschichte hat einen Herrn, der seine Liebe und sein Leben als die größeren Kräfte in Menschenherzen zur Wirkung bringt. So beginnt er die Geschichte zu verwandeln aus einer Geschichte der Entfremdung und des Hasses zu einer Geschichte der Versöhnung und wachsender Geschwisterlichkeit unter den Menschen.

Dazu bekennen sich die neuen Christen vor ihrer Taufe. Sie widersagen dreimal den dunklen Mächten des Todes und bezeugen vor der versammelten Gemeinde, daß sie mit der Kirche glauben an Gott, den allmächtigten Vater, an Jesus, seinen eingeborenen Sohn, und an den Heiligen Geist, der uns mit Gott und untereinander verbindet. Durch die Verknüpfung mit diesem Glauben wird die Taufe zu einer christlichen Symbolhandlung. Zu Ende geht die Übermacht, die Sünde und Tod über den Menschen besaßen. Menschen übereignen sich der Leben schenkenden Herrschaft des Auferstandenen. Es stirbt eine Lebensweise, in der Menschen ohne Gott und auf Kosten der anderen ihr Leben zu sichern und zu bereichern suchen. Und geboren werden neue Menschen, die sich von Gott empfangen, von ihm die Fülle des Lebens erwarten und dadurch frei werden, mit anderen die Gaben Gottes zu teilen. Untergehen muß eine Vergangenheit, in der die Menschen um sich selbst und in sich selbst kreisen. Eröffnet wird eine Zukunft, aus der Gott erneuernd und vollendend entgegenkommt und in die Menschen miteinander aufbrechen.

Die Getauften lassen – um im Bild zu bleiben – den „alten Menschen" nicht einfach hinter sich. Auch über sie haben Sünde und Tod noch Macht. Die Taufe schafft nicht Menschen, die ganz unbehindert offen sind für ihren Gott und füreinander. Was die Christen in ihrer Taufe aber feiern und als Wirken Gottes an sich erfahren dürfen, ist die größere Macht des neuen Anfangs Gottes mit ihnen. Gott öffnet sie für sich und füreinander. Und seine Treue wird das, was sie beginnt, auch vollenden. Darum dürfen die Christen aus ihrer Taufe heraus sagen, daß sie vom Tod ins Leben übergegangen sind (vgl. 1 Joh 3,14). Das schenkt ihnen der Gekreuzigte als der Auferstandene. In der Gemeinschaft mit ihm werden sie Söhne und Töchter des Vaters im Himmel.

Ausdeutende Zeichen

Was in der Taufe geschehen ist und sich in das Leben der Getauften hinein auswirken soll, wird in weiteren Zeichenhandlungen zum Ausdruck gebracht.

(1) Die Chrisamsalbung: Die Salbung mit Chrisam – einem besonders wohlriechenden Öl – zeigt an, daß die Getauften teilhaben an der Würde und an der Sendung Jesu, des Gesalbten (= Christus) Gottes. Fast alle in unserer Gesellschaft verbindet die Überzeugung von einer geheimnisvollen Würde des Menschen. Diese gebietet vor allem die Achtung der Freiheit des anderen. In Christus wird der Sinn dieser Freiheit neu eröffnet. Der Mensch wird in seine Geschichte mit Gott gerufen. In ihr gibt Gott ihm von seinem Geist. In dessen Kraft kann und soll er den Armen Gutes tun und sagen, Gefangene und Unterdrückte befreien und Menschen dort aufrichten, wo sie unter ihrer Last niedergedrückt oder sogar zusammengebrochen sind (vgl. Lk 4,18). (Diese Salbung entfällt bei der Erwachsenentaufe, wegen der mit der Taufe verbundenen Firmung, die auch eine Chrisamsalbung ist.)

(2) Das Taufkleid: Die Neugetauften empfangen ein weißes Gewand. Das Kleid ist Symbol für den Lebensentwurf und die Lebensgestalt eines Menschen. Durch ihre Taufe haben Menschen gleichsam Christus angezogen (vgl. Röm 13,14). Die Lebensart Jesu kann und soll sie prägen. Menschen können und sollen in der Begegnung mit ihnen etwas von der Güte und dem Erbarmen Gottes erfahren. Nur Jesus konnte sagen: „Wer mich gesehen hat, hat den Vater gesehen" (Joh 13,9). Etwas vom

Vater kann und soll jeder durch die Taufe mit ihm verbundene Menschen sichtbar werden lassen.

(3) Die Taufkerze: Für jeden Getauften wird an der Osterkerze der Gemeinde eine Kerze entzündet, die ihn durch sein weiteres Leben begleiten soll. Die Osterkerze erinnert die Gemeinde an die Hoffnung, aus der sie leben darf. An dieser gemeinsamen Hoffnung der Gemeinde haben die Neugetauften Anteil. Aus dem gemeinsamen Glauben der Kirche empfangen sie Licht für ihren Lebensweg. Damit verbunden ist die Berufung, als „Kinder des Lichtes" (1 Thess 5,5) zu leben, also den Menschen in Tat und Wort die Nähe des alle heilenden und versöhnenden Gottes zu verkünden.

Kindertaufe – Taufe ohne Glaube?

Erwachsene gehen einen längeren Weg bis zu ihrer Taufe. Wie ist es zu rechtfertigen, Kinder ohne diesen Weg zu taufen? Der Taufe geht eine wachsende Entschiedenheit voraus, sich von Wegen, die nicht ins Leben führen, zu trennen und auf den Weg Jesu einzugehen (Umkehr). Welchen Sinn kann es haben, Kinder zu taufen, die noch gar keinen eigenen Weg gehen? Die Taufe ist wie jedes Sakrament ein leibhaftiges Glaubensbekenntnis. Menschen zeigen ihren Glauben dadurch, daß sie Gott an sich handeln lassen. Wie läßt sich eine Taufe von Menschen begründen, die noch nicht glauben können?

Auch zur Kindertaufe gehören Umkehr und Glaube. Kinder gehen zwar noch keinen eigenen Weg; aber sie sind mit auf dem Weg mit ihren Eltern. Sie können noch nicht selber glauben; aber sie haben Anteil am Leben ihrer Eltern, und da können sie auch – vielleicht schon vor ihrer Geburt – Anteil haben an deren Glauben. Wo Eltern Umkehr und Glaube leben, dort sind ihre Kinder mit hineingenommen in ihre Geschichte mit Gott. Ohne glaubende Eltern darf die Kirche Kinder nicht taufen, weil es keine christliche Taufe ohne Glaube gibt. Die Bedeutung ihres Glaubens mußte Eltern nicht sehr bewußt werden, wo der ihre Familie umgebende Lebensraum insgesamt durch eine Atmosphäre des Glaubens geprägt war. Dies wird heute immer seltener. Manchmal können andere Erwachsene, die den Kindern sehr nahe sind und ihnen dadurch Anteil an ihrem Glauben ermöglichen, das Patenamt übernehmen und für die Eltern eintreten. Nur sehr selten werden sie den Glauben der Eltern wirklich ersetzen können. Normalerweise ist es Aufgabe der Paten, mit ihrem Lebens- und Wortzeugnis die Glaubensgemeinschaft der Eltern mit ihren Kindern ergänzende Begleiter für den Glaubensweg der Kinder zu sein.

In der Taufe von Kindern wird etwas deutlich, was auch für Erwachsene gilt. Immer ist es Gott, der den ersten Schritt auf den Menschen hin tut. Die Initiative in Geschichten von Menschen mit Gott liegt nie beim Menschen. Wo Menschen Gott suchen, hat Gott ihnen das Verlangen ins Herz gegeben. Der Glaube ist nicht in dem Sinne Voraussetzung der Taufe, daß er eine Vorleistung vom Menschen aus ist. Der Glaube, den Erwachsene vor ihrer Taufe bekennen, ist Antwort auf den erfahrenen Anruf Gottes. Daß Menschen diese Antwort geben wollen und können, empfangen sie als Geschenk. Sie müssen dieses Geschenk allerdings auch ergreifen und in sich wirken lassen.

Auch wo ein Mensch als Kind getauft wurde, muß er dieser Vorgabe Gottes mit wachsender Eigenständigkeit zustimmen. Wo ein Getaufter zu keinem eigenen Glauben kommt, ist und bleibt er zwar endgültig von Gott angenommen; aber dies kann in seinem Leben nicht intensiver zur Wirkung kommen als bei denen, die nicht getauft sind. Auch diese sind ja von Gott geliebt. Über ihnen wurde allerdings diese Liebe Gottes nicht gefeiert. Das kann ihnen fehlen. Ganz ähnlich ist die Situation von Menschen, die zwar als Kinder getauft wurden, aber nicht zum Glauben kamen. Ihnen fehlt ein Bewußtsein von der Geschichte, die Gott mit ihnen angefangen hat und sucht.

Wenn Kinder in Todesgefahr geraten, bevor man in Gemeinde und Familie das Fest ihrer Taufe feierte, kann ihnen eine Nottaufe gespendet werden. Dies geschah und geschieht zum Teil noch heute aus einer Angst, die es zu überwinden gilt. Menschen dachten und denken zum Teil noch heute, daß Gott ein Kind ohne die Taufe noch nicht als sein Kind angenommen hat. Wir dürfen und sollen hoffen, daß Gott alle Menschen in sein Leben hineinziehen kann und will. Dieser sein Wille umfängt auch die Kinder, die sterben, bevor sie getauft wurden. Die Nottaufe darf nie ein Handeln aus der Angst sein, Gottes Liebe könnte Grenzen kennen. Die Nottaufe ist ein christliches Handeln, wo sie in der Not ein Zeichen der Hoffnung aufrichtet.

Wie Eltern sich prüfen können

In unserer Zeit verstehen sich von Ort zu Ort unterschiedlich viele Menschen nicht mehr als Christen. Sie werden ihre Kinder nicht mehr taufen lassen. Viele Eltern haben die Gemeinschaft mit der Kirche nicht ganz aufgegeben, leben aber weitgehend ohne Austausch mit ihr. Für sie kann die Geburt eines Kindes und die Frage, ob sie um die Taufe bitten sollen, ein Anlaß sein, die eigene Beziehung zu Glaube und Kirche zu klären. Im Blick darauf, wie Eltern in die Taufhandlung einbezogen werden, können sie sich etwa folgende Fragen stellen.

– Eltern tragen ihr Kind in den Raum der Kirche, möglichst sogar in eine versammelte Gemeinde. Damit sagen sie: Wir möchten, daß ihr unser Kind in die Gemeinschaft eures Glaubens aufnehmt. – Was muß uns selbst diese Gemeinschaft des Glaubens bedeuten, damit unsere Bitte sinnvoll und glaubwürdig wird?

– Eltern werden gebeten, im Anschluß an den Priester ihr Kind mit dem Zeichen des Kreuzes zu segnen. Damit wünschen sie ihrem Kind nicht einfach irgendwie Gutes; sie vertrauen es dem Gott an, der im Kreuz seines Sohnes die Übermacht von Sünde und Tod gebrochen hat. – In welcher Beziehung zum Kreuz Jesus als Symbol seiner Liebe bis in den Tod leben wir, so daß wir unser Kind in diesem Zeichen segnen können?

– Eltern widersagen dreimal dem Bösen und seiner geheimnisvollen Macht über die Menschen. Sie bekennen ihren Glauben an Gott als allmächtigen Vater, ihren Glauben an Jesus als den Sohn, in dem sich der Vater den Menschen mitteilt, und ihren Glauben an den Heiligen Geist, der Kraft von Gott her für uns Menschen ist und der uns in der Kirche ergreift. – Wie bewußt ist uns, daß unser

Leben hineingenommen ist in eine Auseinandersetzung zwischen Mächten des Lebens und des Todes? Wo sind wir in Gefahr, in dem, was wir tun oder lassen, eher dem Tod als dem Leben Raum zu geben? Wie entschieden suchen wir die heilende, reinigende und versöhnende Nähe Gottes in der Begegnung mit ihm und in der Glaubensgemeinschaft? Woran glauben wir wirklich? Das heißt: Wofür haben wir Interesse, Zeit, Kraft und Geld in der Erwartung, daß wir (und unser Kind) dadurch an Leben gewinnen? Wie geht das zusammen mit dem Glauben an den Gott und Vater Jesu Christi?

– Wenn Eltern ihr Kind zur Taufe hinhalten, sagen sie damit: Wir haben dich, unser Kind, gewollt in einer Welt, die nicht heil ist. Dein Leben ist vom Tod umstellt. Dich vertrauen wir dem lebendigen Gott an, der begonnen hat, alles zu heilen, und der dir Leben schenkt, über das der Tod keine Macht hat. Kind dieses Gottes sollst du werden. – Was bedeutet es uns, daß wir getauft sind? Wie hat es sich in unserem Leben ausgewirkt, daß unsere Eltern uns haben taufen lassen?

– Wenn Eltern ihrem Kind das Taufkleid anziehen, wünschen sie ihm damit, daß es die Lebensart Jesu übernimmt. – Welchen Lebensentwurf wollen wir unserem Kind nahebringen? Soll es vor allem seine Fähigkeit zur Mitfreude und zum Mitleid entwickeln und vor allem versöhnte und gütige Beziehungen suchen? Oder soll es vor allem sich durchsetzen lernen – und sei es auf Kosten anderer? Wo soll es seinen Reichtum suchen – in dem, was es für sich haben und verbrauchen kann, oder in dem, was es mit anderen teilt?

– Wenn Eltern die Taufkerze ihres Kindes an der Osterkerze entzünden, sagen sie damit: Aus der Gemeinschaft österlichen Glaubens sollst du, unser Kind, eine ganz starke Hoffnung für dein Leben empfangen; diese Hoffnung ist stärker als alle Gründe zu verbitternder Trauer oder endgültiger Verzweiflung. – Welche Gemeinschaft mit der Feier, in der die Osterkerze entzündet wurde, haben wir selbst? Wie können wir durch unsere Gemeinschaft mit dem Osterglauben der Kirche die Glaubensfähigkeit unseres Kindes mit dem Licht Christi entzünden?

Wo Eltern sich ihrer Beziehung zu Glaube und Kirche unsicher sind

Manchmal bitten Eltern um die Taufe ihres Kindes, obwohl sie ihrer eigenen Beziehung zu Glaube und Kirche sehr unsicher sind und diese Unsicherheit im Augenblick nicht klären können oder wollen. Die Kirche verweigert in solchen Situationen nicht die Taufe. Sie möchte die Taufe aber aufschieben, um zunächst mit den Eltern einen Weg der gegenseitigen Annäherung zu gehen. Voraussetzung ist, daß die Eltern und die Gemeinde, in der die Taufbitte ausgesprochen wurde, sich wirklich aufeinander einlassen können und wollen. Es ist dann immer sofort möglich, das Kind in einer Feier der Gemeinde als Taufbewerber anzunehmen und zu segnen. Damit gehört das Kind bereits zur Kirche, und es steht ihm offen, was die Kirche in Unterricht und Katechese zur Ermöglichung eines Glaubensweges anbieten kann.

Wie die Gemeinde sich prüfen kann

Oft wird die Taufe noch als Familienfeier begangen. Der Pfarrer handelt in ihr als Amtsträger, der das Sakrament spendet. Nicht erkennbar wird, daß er einer Gemeinde vorsteht und mit der Taufe ein Kind in diese Gemeinde und dadurch in die Kirche aufnimmt. An immer mehr Orten geht man dazu über, die Taufe in der Versammlung der Gemeinde zur Eucharistie am Herrentag zu feiern. Dieses Handeln liegt insbesondere dann nahe, wenn die Eltern in der Gemeinde bzw. in einer ihrer kleineren Gemeinschaften beheimatet sind. Dann wird unmittelbar erfahrbar, wie ein Kind hineingenommen wird in den gemeinsamen Glauben an den Gott und Vater Jesu Christi.

Immer häufiger haben Eltern, die um die Taufe ihrer Kinder bitten, keine Gemeinschaft mit der Gemeinde bzw. in einer ihrer Gruppen. Das muß nicht immer daran liegen, daß ihnen ihr Glaube nicht wichtig ist. In unserer Gesellschaft sind gerade jüngere Ehen und Familien oft gezwungen, ihre Lebenszusammenhänge zu wechseln. Es kann für sie schwierig sein, neue Beziehungen aufzunehmen und zu pflegen. Das gilt auch für die Aufnahme von Glaubensgemeinschaft. Allein die Teilhabe an der sonntäglichen Eucharistie ermöglicht noch keinen gegenseitigen Austausch. Wenn die Taufe eine Feier der Gemeinde ist, durch die ihr eine neue Schwester oder ein neuer Bruder geschenkt wird, dann muß die Gemeinde selbstkritisch prüfen, ob sie dieses Geschenk wirklich aufnimmt.

Was im allgemeinen Teil dieser Katechesen zu den Sakramenten über die dauernde Erneuerung der

Gemeinde und ihrer Sakramente gesagt wurde, muß hier auf die Taufe hin etwas konkretisiert werden. Die Gemeinde muß sich in allen ihren Verantwortlichen fragen, welchen Raum sie Eltern für eine gegenseitige Stärkung und Begleitung im Glauben gibt bzw. geben kann. Ihr muß bewußt werden, daß die Taufbitte nicht nur an einen Amtsträger gerichtet ist, sondern auch an die Gemeinde, in der und für die das Amt zu handeln hat. Die Gemeinde selbst muß Mitverantwortung für die von ihrem Amtsträger gespendeten Taufen übernehmen. Dazu gehört die Frage, wie die Gemeinde durch ihre Gemeinschaft mit den Eltern und ihren Kindern eine Glaubensgeschichte der Kinder fördern und begleiten kann. Wenn die Kinder aus ihren Familien herauswachsen, brauchen sie Beziehungen, in denen sie weiter in ihrem Glauben getragen und herausgefordert werden. Darum haben nicht nur Eltern Verantwortung für die Glaubenszukunft ihrer Kinder. Die Kindertaufe braucht nicht nur den Glauben der Eltern. Sie braucht auch den größeren Glaubensraum einer Gemeinde, in dem sowohl Eltern Glaubensgemeinschaft finden als auch Kinder und Jugendliche Erfahrungen des Mitglaubens nicht nur mit ihren Eltern machen können.

2. DIE FIRMUNG

In der frühen Kirche wurde die Taufe zusammen mit der Firmung vom Bischof gespendet. Bei der Ausbreitung der Kirche bildeten sich Gemeinden, die von Priestern geleitet wurden. Diese bekamen die Vollmacht zur Taufe. Die Firmung blieb dem Bischof vorbehalten. Er feierte dieses Sakrament in den Gemeinden mit den zwischen seinen Besuchen Getauften. Darin kam und kommt bis heute zum Ausdruck, daß Getaufte durch die Aufnahme in ihre Gemeinde in die Ortskirche des Bistums und darüber hinaus in die Weltkirche aufgenommen sind.

Vollendung der Taufe und Besiegelung der Eucharistiegemeinschaft

Die Firmung fügt der Taufe nichts Neues hinzu. Wie ihr Name (Firmung = Stärkung, Festigung) sagt, stärkt und festigt sie etwas, was schon gegeben ist. Getaufte sind bereits in die Familie der Kinder Gottes eingegliedert. Diese Verbundenheit vervollkommnet die Firmung. Getaufte haben bereits den Heiligen Geist als Kraft zu einem christlichen Leben empfangen. Diese Gabe wird in der Firmung bestärkt. Getaufte haben bereits Anteil an der Sendung der Kirche, Licht für die Welt zu sein. Die Firmung nimmt in diese Sendung noch verpflichtender hinein.

In der frühen Kirche wurde die Eucharistiegemeinschaft erst nach der Firmung aufgenommen. Die orthodoxen Kirchen blieben dieser Überlieferung treu. In unserer Kirche bildete sich die Praxis der Erstkommunion vor der Firmung heraus. Dabei muß uns bewußt bleiben, daß die Eucharistiegemeinschaft mit denen, die noch nicht gefirmt sind, etwas Anfängliches ist. Wo Getaufte bereits vor ihrer Firmung vollen Anteil an der Eucharistie haben, ist die Firmung als Besiegelung auch dieser Verbundenheit mit der Kirche zu begehen.

Manchmal wird die Firmung „Sakrament der Mündigkeit" genannt. Mit diesem Namen wird verbunden, daß als Kinder Getaufte durch ihre Firmung ihrer Taufe zustimmen. Sie drücken ihre gereifte eigene Entschiedenheit zu einem christlichen Leben aus und empfangen die feierliche Bestätigung ihrer Berufung. Die Firmung ist für diese Sinngebung durchaus offen. In einer Situation, in der das Christsein seine Selbstverständlichkeit verliert, kann es auch begründet sein, die mündige Übernahme der Berufung zum Christsein in der Kirche zu gestalten und zu bestärken. Dies kann durch unterschiedliche Formen der Tauferneuerung geschehen. Wo die Firmung dafür beansprucht wird, muß man mit ihr warten, bis die mündige Übernahme der Taufberufung wirklich möglich ist.

Häufig wird bei uns die Firmung schon mit älteren Kindern oder jüngeren Jugendlichen gefeiert. Dies kann als Vollendung der Taufe und als Besiegelung von Eucharistiegemeinschaft dann sinnvoll sein, wenn die Kinder oder Jugendlichen einen Ort des Mitglaubens mit anderen in der Gemeinde gefunden haben. Durch die gelebte Glaubensgemeinschaft ist das Wirklichkeit geworden, was in der Taufe bezeichnet und erhofft wurde. Und wo nach der Erstkommunion die Eucharistiegemeinschaft weitergewachsen ist, kann sie auch besiegelt werden.

Die Firmhandlung

Zwei Zeichen sind in der Firmung miteinander verbunden: Handauflegung und Salbung.

(1) Die Handauflegung bei der Firmung ist zunächst eine Geste der Mitteilung. Die Firmlinge sollen durch die Erfahrung, wie von der auf ihnen liegenden Hand lebendige Wärme ausgeht, ein Zeichen der Mitteilung des Geistes empfangen. Zugleich erhalten die Firmlinge durch die Handauflegung ein Zeichen ihrer Beanspruchung. Gott legt seine Hand auf sie, damit sie aus der empfangenen Kraft verfügbar sind für seine ganz gute Geschichte mit den Menschen. Diese Beanspruchung ist nicht zuerst Last, sondern Gabe. Sie gibt dem Leben Sinn, auch wenn mit ihr Last verbunden sein kann. Dabei handelt nicht nur der Firmspender. Auch die Firmlinge handeln, indem sie herantreten und ihren Kopf zum Empfang hinhalten. Dadurch bekennen sie leibhaftig ihr glaubendes Verlangen, in dem durch die Taufe in ihnen begonnenen Leben gestärkt zu werden.

(2) Die Chrisamsalbung, die bei der Taufe ausdeutendes Zeichen ist, tritt bei der Firmung in die Mitte der Handlung. Bei der Weihe des Chrisams durch den Bischof betet die Kirche, daß die mit diesem duftenden Öl Gesalbten zu Menschen werden,

von deren Leben etwas ausgeht, was die Menschen die Güte Gottes ahnen läßt. Wir erfahren in unserer Lebenswelt nicht, wie Könige, Priester oder Propheten durch eine Ölsalbung in ihr Amt eingeführt werden. Wohl erfahren wir, wie wichtig für uns Menschen sind, die ihre Freiheit für andere einsetzen (königliche Menschen), sich für Aufgaben zur Verfügung stellen (priesterliche Menschen) und durchschauen, wovon unser Leben bedroht ist und wodurch es gerettet werden kann (prophetische Menschen). Christen werden durch ihre Gemeinschaft mit Jesus Christus Menschen von dieser Art. Das Zeichen dafür ist ihre Salbung mit Chrisam, dem heiligen Öl der Christenwürde.

Zur Salbung spricht der Firmspender: „Sei besiegelt durch die Gabe Gottes, den Heiligen Geist." Dieses Wort ist der Anlaß, die Firmung in besonderer Weise als Sakrament des Heiligen Geistes zu verstehen und zu erschließen. Dahinter darf nicht zurücktreten, daß alle Sakramente Handlungen sind, in denen Gott durch die Mitteilung seines Geistes am Menschen handelt. Daß die Vorbereitung auf die Firmung um eine lebendige Beziehung zum Heiligen Geist als der Gabe Gottes bemüht ist, kann die Beziehung zu dieser Gabe auch in den anderen Sakramenten stärken.

Ganz wichtig ist, daß vom Heiligen Geist als der „Gabe Gottes" gesprochen wird. Oft wird die Botschaft des Glaubens vor allem als Forderung an den Menschen mißverstanden. Sie bekommt dann leicht die Farbe einer Belastung und Überforderung. In den Sakramenten und besonders beim Wort zur Firmung ist Gott nicht zuerst der Fordernde. Zuerst ist er immer der Gebende. Und er gibt nicht weniger als den Heiligen Geist. Wenn wir auf Jesus schauen, heißt dies: Er gibt als der Auferstandene denen, die an ihn glauben, von seinem eigenen inneren Leben. Er gibt ihnen Anteil an seiner Liebe zu Gott, seinem Vater, und an der Liebe, die ihn den Armen und Gefangenen, den Sündern und den Beladenen die helfende und aufrichtende Nähe Gottes bringen ließ.

Firmung in der Versammlung der Gemeinde zur Eucharistie

Die Firmung ist ein Teil der Eingliederung in die Kirche. Darum gibt es bei ihr ähnlich wie bei der Taufe das Patenamt. Die Paten geben durch ihre Gemeinschaft den Firmlingen vollkommeneren Anteil am Glauben der Kirche. Und sie stehen dafür ein, daß es den Firmlingen mit ihrer Bitte um ganze Aufnahme in die Kirche ernst ist. Die Kirche, in die eingegliedert wird, wird nicht nur in den Paten konkret. Sie wird bei der Feier selbst vergegenwärtigt durch die versammelte Gemeinde.

Diese Versammlung ist noch genauer zu kennzeichnen. Sie feiert Eucharistie. Taufe und Firmung nehmen in die Gemeinschaft auf, die immer neu aufgebaut wird in der Feier der Eucharistie. Durch die Besiegelung mit der Gabe Gottes, dem Heiligen Geist, werden die Firmlinge tiefer hineingenommen in die Gemeinschaft derer, die immer wieder von der Gabe Gottes, dem Heiligen Geist, leben. Die Firmung erfüllt die Firmlinge nicht so mit der Kraft von oben, daß sie nicht immer wieder diese Gabe suchen müßten. Aber sie haben durch ihre Firmung endgültig Zutritt zu dem Geheimnis des Glaubens, in dem die Versammelten durch die Teilhabe am Leib und Blut Jesu Christi seinen Geist empfangen. Davon spricht die Kirche in ihren Kommunionbitten beim Hochgebet.

Wo im Zusammenhang mit der Firmung Eucharistie gefeiert wird, soll einer Geste in der Eucharistie besondere Aufmerksamkeit gelten. Brot und Wein zeigen an, wie wir in der Schöpfung beschenkt werden. Dafür sind wir dankbar. Wir brauchen aber noch eine andere Gabe für unser Verlangen nach Leben und für unsere Mühe um eine geschwisterlich miteinander teilende Menschheit. Darum rufen wir den Heiligen Geist auf unsere Gaben herab. Dieser Geist schenkt uns die Gegenwart der Liebe Gottes, die uns mit ihm und untereinander verbinden will und kann.

Die eigene Gabe entdecken

In der Firmung geht es um die Gabe Gottes, die alle Christen verbindet. Diese eine Gabe belebt zugleich eine Vielfalt unterschiedlicher christlicher Begabungen. Die eine verbindende Gabe beschreibt der Prophet Ezechiel so: „Ich nehme das Herz aus Stein aus eurer Brust und gebe euch ein Herz aus Fleisch. Ich lege meinen Geist in euch hinein" (Ez 36, 26–27). Das Herz aus Stein meint einen inneren Menschen, der unempfindlich dafür ist, wie Gott um ihn wirbt – in Freude und Leid, in der Begegnung mit Menschen, in den Gaben der Schöpfung, im Evangelium. Das Herz aus Fleisch meint einen inneren Menschen, in dem Gott selber durch seinen Geist die Antwort auf seine Liebe wirkt. Das Herz aus Fleisch erfährt, wie es im Evangelium in seinen tiefsten Sehnsüchten angerührt und in seine kostbarsten Möglichkeiten gerufen wird. Es öffnet sich zur Gemeinschaft mit anderen in Mitleid und Mitfreude. Es trägt in sich das innere Zeugnis von einem im Grunde ganz guten Geheimnis des Lebens und vertraut sich ihm an. Durch diese gemeinsame Gabe werden Christen in der Firmung besiegelt.

Zur Wirkung kommt die eine Gabe des Geistes in einer Vielfalt von Gaben – auch Charismen genannt. In dieser Vielfalt ergänzen die Christen einander innerhalb ihrer Gemeinschaft und in ihrem Dienst an der Welt. Es gibt Christen, die es besonders zum Dienst an den Kranken drängt. Anderen ist es besonders wichtig, Zeit zu haben für das Gebet. Wieder andere finden ihre Aufgabe, sich politisch für Gerechtigkeit und Versöhnung zu engagieren. Manche Christen können besonders gut zuhören und, wo nötig, anderen mit einem Rat weiterhelfen. Für die Gemeinschaft sind Christen, die etwas gut organisieren können, ebenso wichtig wie Christen, die einen Raum schön gestalten oder für gemeinsames Singen sorgen können. Christen, denen es leicht fällt, fröhlich zu sein, können anderen mit ihrer Freude aufhelfen. Daß die Freude nicht oberflächlich wird, kann die Aufgabe anderer sein, die von schweren Gedanken bedrängt werden. Es ist wichtig, daß die einzelnen Christen ihre je eigene Gabe entdecken. Und es ist wichtig, daß sie die anderen Gaben der anderen achten.

3. DIE FEIER DER EUCHARISTIE

Taufe und Firmung nehmen die, die durch das Leben von Christen und durch das Wort des Evangeliums zum Glauben kommen, hinein in die Gemeinschaft am Tisch des Herrn. Von Anfang an war es für die Christen kennzeichnend, daß sie festhielten „an der Lehre der Apostel und an der Gemeinschaft, am Brechen des Brotes und an den Gebeten" (Apg 2,42). In der Gemeinschaft ihres Glaubens teilten sie also nicht nur ihre Überzeugung. Betend brachen sie miteinander das Brot. Und das taten sie, weil sie es vom Herrn selbst so empfangen hatten (vgl. 1 Kor 11,23).

Das Abendmahl

Es gibt keinen Zugang zum Geheimnis der Eucharistie ohne die Erinnerung an den Abend vor dem Leiden und Sterben Jesu. Da war er noch einmal mit denen zusammen, die er in seine besondere Nähe gerufen hatte. Bei diesem letzten Mahl schenkte er ihnen die Handlung, an der sie ihn als den Auferstandenen später wiedererkennen und durch die sie dauernd mit ihm verbunden bleiben sollten. In dieser Handlung greift Jesus zurück auf sein ganzes bisheriges Leben. Zugleich schaut er voraus auf den Weg seines Leidens. Er wird ihn annehmen. Auf ihm will er zur Gabe werden, die durch die Übermacht seiner Liebe die Menschen mit Gott und untereinander zur Versöhnung führt. Der vor ihm liegende Tod bleibt dunkel; aber er will ihn verwandeln in ein Geschenk, aus dem die vielen Menschen neues Leben empfangen.

So nahm Jesus bei diesem letzten Mahl zuerst das Brot. Er teilte es aus, indem er dazu sprach: „Nehmt und eßt; das ist mein Leib, der für euch hingegeben wird." Ähnlich nahm er den Kelch mit Wein. Er reichte ihn den Jüngern und sagte dazu: „Nehmt und trinkt; das ist mein Blut, das für euch und für die Vielen vergossen wird zur Vergebung der Sünden." Es ist eine einfache Handlung, die in ein für uns uneinholbares Geheimnis führt. „Leib und Blut" stehen in der Sprache Jesu für den ganzen Menschen. Jesus faßt sich selbst in der Geste der Hingabe zusammen. Von Anfang seines Lebens an ist er für die Menschen da, die er wieder mit Gott und untereinander vereinen möchte. Dafür will er dasein bis in seinen Tod und noch darüber hinaus. Dieses sein Leben für die vielen Menschen, die alle von seinem Vater geliebt und gesucht werden, gibt er hinein in Brot und Wein. Er reicht sich selbst in diesen Gaben dar und sagt: Nehmt mich auf in meiner Liebe bis in den Tod; laßt euch dadurch in euren Herzen verwandeln, damit sie Anteil bekommen an meiner Liebe zum Vater und zu euren vielen Schwestern und Brüdern; eßt und trinkt von mir Leben, über das der Tod keine letzte Macht hat; laßt euch erfüllen von meinem Geist, der eine neue versöhnte Menschheit schafft.

Was ihnen in diesem Mahl gegeben wurde und was sie dann weitergeben durften in die Geschichte der Kirche hinein, konnte den Jüngern erst in der Begegnung mit dem Auferstandenen aufgehen. Sie konnten beginnen zu verstehen, daß der Tod Jesu in seiner furchtbaren Dunkelheit zugleich der Sieg der Liebe über die „Sünde der Welt" war. „Sünde der Welt" meint das bedrängende Geheimnis all der Verweigerungen der Menschen gegenüber ihrer Berufung zur Gemeinschaft mit Gott und untereinander. Diese Macht, die die Menschen von Gott trennt und untereinander zu Fremden, ja zu Feinden macht, wird von Jesus erlitten. Sie wird zugleich durch die größere Macht der Liebe Jesu überwunden. Die versöhnende Kraft des Gekreuzigten und Auferstandenen kann nun zur Wirkung kommen in denen, die an ihn glauben und sich von ihm beschenken lassen. Darum ist die Feier der Eucharistie das Gedächtnis an Tod und Auferstehung Jesu. In diesem Gedächtnis lassen sich die Versammelten immer neu von der sieghaften Hingabe Jesu erfüllen und erneuern.

Herrentag, Herrenmahl und Versammlung der Gemeinde

Der bevorzugte Tag der Eucharistie ist darum der Sonntag oder – wie es in der ursprünglichen Sprache der Christen heißt – der Herrentag, der Tag der Auferstehung Jesu. Durch diesen Tag unterschieden sich die ersten Christen von anderen religiösen Überzeugungsgemeinschaften mit anderen Festen. Die Auferstehung Jesu war für sie der Beginn einer neuen Schöpfung. Darum feierten sie die Mitte ihres Glaubens am ersten (oder achten) Tag der Woche. (Diese alte Tradition ist in unserer Gesellschaft bei der neuen Zählung der Wochentage aufgegeben worden.) In unserer Gesellschaft ist der Sonntag Teil des Wochenendes, an dem sehr viele freie Zeit haben. Die Christen, die am Sonntag die Auferstehung ihres Herrn feiern, sind eine Minderheit (geworden). Sie erkennen sich gegenseitig nicht zuletzt in ihrem Zusammenkommen zur Feier der Eucharistie.

Die Feier der Eucharistie am Herrentag versammelt christliche Gemeinden. Diese ursprüngliche Überlieferung wird uns wieder bewußter. Für die Christen war und ist unverzichtbar ihr Zusammenkommen. Darin machen sie sichtbar, daß Gott in Jesus die Menschheit aus der Zerstreuung des Nebeneinanders oder gar Gegeneinanders zu sammeln begonnen hat in ein neues Miteinander und Füreinander. In der Gemeinde, die Eucharistie feiert, werden die Unterschiede zwischen den Menschen aufgehoben. Alle sind Schwestern und Brüder, die aus der einen sie verbindenden Liebe leben. Auf dem ganzen Erdenrund kommen Gemeinden zusammen, die der Anfang der durch Gott versöhnten Menschheit sind. Christen, die auf Reisen sind, finden fast überall am Herrrentag Gemeinden von Christen, die sie in eucharistischer Gastfreundschaft aufnehmen und ihnen die Erfahrung der Gemeinschaft in dem einen Glauben und in der einen Liebe schenken.

Die Treue zur eucharistischen Versammlung am Sonntag ist eine innere Notwendigkeit für die, die von dem Geheimnis, das dort gefeiert wird, ergriffen sind. Wo die Teilhabe daran sehr erschwert oder unmöglich ist, werden sich Christen in Gedanken mit ihren versammelten

Brüdern und Schwestern verbinden. Es ist sehr bedrängend, wenn Gemeinden aus Mangel an Priestern am Sonntag nicht Eucharistie feiern können. Die Tradition der Eucharistie am Sonntag ist von so großer Bedeutung, daß sie nicht durch die jüngere und weniger wichtige Tradition der Ehelosigkeit der Priester gefährdet werden darf.

Der Aufbau der Feier

Die Liturgie der Eucharistie ist in vielen Jahrhunderten gewachsen. Sie fand in den großen Ortskirchen der Weltkirche eine unterschiedliche Ausgestaltung. Für das westliche Europa und die von ihm her missionierten Länder wurde der römische Ritus prägend. Nach einer Zeit ohne jede Veränderung beschloß das letzte Konzil eine Reform. In ihr wurde die Feier in der Landessprache der versammelten Gemeinde ermöglicht. Der Aufbau und ein großer Teil der Gebete bleibt in der römisch-katholischen Kirche einheitlich. Die Feier kann leicht durchsichtig werden, wenn die Hauptteile hervorgehoben werden:

ERÖFFNUNG DER FEIER:
Begrüßung – Bitte, daß der Herr selbst uns für die Begegnung mit ihm bereite – das Sonntagslied des Gloria – das Tagesgebet.

DIE FEIER DES WORTES:
Lesung aus dem Alten Testament – Antwortgesang – Lesung aus dem Neuen Testament – Gesang zur Begrüßung des Evangeliums – Evangelium – Homi-

lie bzw. Predigt – Antwort im Glaubensbekenntnis – Fürbitten.

EUCHARISTIEFEIER:
Bereitung der Gaben
Das *Hochgebet* mit der Herabrufung des Geistes, den Hingabeworten Jesu, dem Gedächtnis an seinen Tod, seine Auferstehung und seine Wiederkunft, der Bitte um Teilhabe an der Kommunion, Fürbitten für die Weltkirche und die Verstorbenen und einem Ausblick auf die Vollendung.
Die *Kommunion*, die vorbereitet wird durch das „Vater unser", die Bitte um den Frieden, den Gruß des Friedens und das Gebet um die glaubende Offenheit für die Gabe Gottes – nach der Kommunion Stille und Dank.

ABSCHLUSS DER FEIER:
Schlußgebet – Segen – Entlassung.

An vielen Stellen ist diese Liturgie für die aktive Gestaltung der jeweiligen Gemeinde offen. Die Feier selbst aber ist mit einem Haus zu vergleichen, das nicht jedesmal neu gebaut wird. Es wird von den Mitfeiernden betreten. Dies kann ihnen ermöglichen, sich mit diesem Haus vertraut zu machen und dann in ihm zu Hause zu sein. Zugleich ist die Gefahr zu sehen, daß die Einrichtung des Hauses erstarrt. Vor allem für neu Hinzukommende (nicht nur aus der nachwachsenden Generation) kann sie nicht mehr ansprechend und aufnehmend sein. Darum sind beim Haus der Eucharistie drei Anliegen miteinander zu verbinden: die Treue zur Überlieferung, die Einheit mit anderen eucharistischen Versammlungen der

Kirche und die Lebendigkeit in der Ausgestaltung des Hauses.

Fülle der Bedeutungen

Das Geheimnis der Eucharistie läßt sich mit einem geschliffenen Diamanten vergleichen, der bei unterschiedlichem Lichteinfall immer neue Farbwunder offenbart. Wenn Jesus sich in ihm für die Jünger und für die Menschen aller Zeiten und Räume zusammenfaßt, hat sie Anteil an der Lebensfülle Jesu selbst. Die Feiernden können davon immer nur das wahrnehmen und aufnehmen, wofür sie in ihren wechselnden Lebenssituationen offen sind. In der Freude schenkt die Eucharistie zwar die gleiche Gabe wie in der Trauer. Die Beschenkten werden sie doch anders erfahren. Kranken bedeutet die Eucharistie etwas anderes als einem Paar, das seine Hochzeit feiert. Christen, die in ihr Leben aufbrechen, werden anderes im Gedächtnis von Tod und Auferweckung Jesu entdecken als Alte, die mit der Nähe ihres Todes leben. Nicht zuletzt wird aus dem Reichtum des gefeierten Wortes heraus eine Vielfalt von Bedeutungen der Eucharistie aufgeschlossen.

(1) Danksagung

„Eucharistie" ist ein Wort der griechischen Sprache, der Sprache vieler der ersten Christen. Es heißt übertragen „Danksagung". Die Christen kamen zusammen, um ihrem Gott auf das zu antworten, was er getan hatte. Sie mußten ihm danken – immer wieder. Mit dem Aufruf zum Dank beginnt auch heute das Hochgebet in der Mitte der eucharistischen Feier. Christen danken ihrem Gott, weil sie erfüllt sind von seinem wunderbaren Handeln an ihnen und an der Welt. Sie sind ergriffen davon, wie der Vater in Jesus, seinem Sohn, ihnen und der Welt seine ganze Liebe geschenkt hat. Dieser Liebe trauen sie zu, daß an ihr wirklich alles gut werden kann. So gibt es für sie keine Erfahrungen von Sünde und Tod mehr, die – obwohl sie sehr weh tun und in tiefe Trauer stürzen können – ihnen das Licht ihrer Freude an Gott auslöschen könnten.

Dankend und preisend auf Gott zu antworten, verbindet die Christen mit den Juden. Viele in Israel lebten und leben heute aus der Zusage, in der Freude an Gott ihre Kraft zu haben (vgl. Esr 8,10). Danksagung meint, daß Glaubende ihrer Freude an Gott Raum in sich geben. Weil nicht sie selbst oder ihr augenblickliches Wohlergehen der Grund ihrer Freude ist, sondern die Gewißheit des guten und machtvollen Willens ihres Gottes für alles, was er geschaffen und gewollt hat, darum können alle an der Danksagung teilhaben. Auch die Beladenen, die Verwundeten und Traurigen sollen mitfeiern, damit die Hoffnung in ihnen nicht erstirbt. Gerade sie sollen erfahren, wie Gott ihnen in machtvoller Güte zugewandt ist.

(2) Das ganz andere Opfer der Kirche

Die Christen hörten mit dem Opferkult auf, den Israel mit Religionen seiner Umwelt teilte. In Israel hatte sich schon anfanghaft die Überzeugung herausgebildet, daß Gott eigentlich kein Gefallen an den vielerlei Opfern hat; ihm liegt vielmehr an Menschen, die seinen Willen tun und so sich selbst ihm darbringen (z.B. Ps 40,7-9). Die Christen erinnerten sich daran, wie Jesus diese Überzeugung lebte – bis in seinen Tod (vgl. Hebr 10,5-7). So wurde er ihr neuer Priester, der sich selbst Gott schenkte in einer Tag für Tag bis in sein Sterben gelebten Offenheit für den Willen des Vaters. Diese Hingabe Jesu wird gegenwärtig, wenn die Christen daran in der Feier der Eucharistie denken. Dies ist das Opfer der Kirche. Es ist ein ganz anderes Opfer als sonst in den Religionen. Nicht wir Menschen versöhnen Gott mit uns durch unser Opfer; Gott beschenkt uns vielmehr mit der Hingabe seines Sohnes. Durch sie werden wir mit Gott versöhnt und erhalten wir Zugang zu ihm als unserem Vater.

Wo Christen sich das schenken lassen, werden sie mit hineingenommen in das Leben Jesu, das Hingabe an den Vater im Dienst an den Schwestern und Brüdern ist. Das meint das gemeinsame Priestertum aller Christen. Christen werden in der Gemeinschaft mit Christus zur Gabe an ihren Gott – mit ihren Möglichkeiten und Grenzen, mit ihren Freuden und Nöten, in ihrem Leben und in ihrem Sterben. Das ist der Sinn ihrer Freiheit und das innerste Geheimnis ihrer Menschenwürde. So nennt unser letztes Konzil die Feier der Eucharistie „Quelle und Höhepunkt des ganzen christlichen Lebens". Aus ihr leben Christen in ihren Diensten aneinander; in sie hinein tragen sie ihr immer auch hinter ihrer Berufung zurückbleibendes Leben; sie verbinden es mit der Hingabe Jesu und werden durch seinen Geist erneuert.

(3) Mahl der Einheit und des Friedens

Bei seinem letzten Mahl gab Jesus sich den Seinen in Brot und Wein. Die Evangelien erzählen öfter davon, daß Jesus mit Menschen Mahl hielt. Ärgernis erregte er dadurch, daß er auch mit Menschen aß und trank, mit denen die Frommen nichts zu tun haben durften. Er wollte dadurch zeigen, daß Gott durch ihn alle und gerade die Verlorenen sucht und mit sich versöhnen will. Das Mahl ist Zeichen der Gemeinschaft. Es kann Menschen trennen, wenn sie sich an getrennten Tischen zusammenfinden und Gemeinschaften gegeneinander bilden. In seinen Erdentagen achtete Jesus keine Trennungen und zog alle in seine Gemeinschaft. Alle sollten sie teilhaben an der neuen Nähe Gottes bei den Menschen. Dieses Werk der innigsten Vereinigung der Menschen mit Gott und der Einheit der Menschen untereinander setzt er fort im Geschenk der Eucharistie.

Der Friede, den die Christen am Tisch des Herrn teilen dürfen, ist nicht nur die Abwesenheit von gegenseitiger Verletzung und Zerstörung. Er meint vor allem etwas Positives. Friede – oder Schalom, wie es in der Sprache Jesu heißt – meint ein Gut- und Heilwerden des Lebens in allen seinen Zusammenhängen. Wo Friede ist, ist der Mensch eins mit sich und Gott als dem Geheimnis seines Lebens; er lebt in gelingender Gemeinschaft mit seinen Nächsten; die Völker verstehen und achten gegenseitig ihr Verlangen nach Leben; in der Schöpfung wird keine Gewalt ausgeübt, so daß alle ohne Angst miteinander spielen können. Wenn Christen zur Kommunion einander wünschen, daß der Friede des Herrn sie ergreife, dann meinen sie noch mehr als die Beendigung von Streit und Mißgunst. Sie wünschen einander von Gott her auch Trost und Zuversicht, eine alle Bitterkeiten überwindende

Hoffnung und ein Leben in einem grenzenlosen Wohlwollen.

Anfangserfahrung mit dieser Bedeutung des Mahles gibt jedes Mahl unter Menschen. Wo Menschen miteinander essen und trinken, wollen sie mehr miteinander teilen als Nahrung und Trank. Das Mahl ist auch Zeichen von Mitleid und Mitfreude. Es gelingt nur, wo Menschen einander von Herzen gut sind.

Einer der ältesten Namen für die Feier der Eucharistie ist „das Brotbrechen". Mitgedacht wird dabei an das Trinken aus dem einen Kelch. Die Glaubenden, die von dem einen Brot essen und aus dem einen Kelch trinken, werden durch die gemeinsame Teilhabe an diesem Geheimnis auch untereinander eins. Der Apostel Paulus spricht davon, daß die, die den Leib des Herrn empfangen haben, der Leib des Herrn werden (z.B. 1 Kor 10,16-17). Dieser Leib hat viele Glieder, die alle einander in Ehrfurcht und in Dankbarkeit für die Gabe jedes Gliedes annehmen und achten. Von der Eucharistie her kommt das Bildwort „Leib Christi" für die Kirche.

(4) Nahrung und Stärkung, Heilung und Vergebung

Essen und Trinken sind Handlungen, die den Menschen nicht nur in seinem Leib angehen. Nahrung und Trank verweisen darauf, daß der Mensch nicht aus sich lebt. Um leben zu können, müssen wir Menschen empfangen. Das gilt auch für des Menschen Herz. Es muß Zuneigung und Anteilnahme, Ermutigung und Trost empfangen, wenn der Mensch leben soll. Brot und Wein können dabei einander ergänzende Zeichen sein. Das Brot entspricht der alltäglichen Notwendigkeit, unser Leben zu nähren. Der Wein verweist zugleich auf das Verlangen des Menschen nach einer Freude, aus der er leben kann. Während das Brot eher das gesunde, vielleicht wohl schwache Leben nährt, ist Wein auch Symbol für das kranke, versehrte Leben.

Für Menschen in schwerer Krankheit oder Schuld hat die Kirche eigene Zeichen. Krankheit und Schuld können aber auch zur alltäglichen Wirklichkeit des Menschen gehören. Es gibt das Tag für Tag erfahrbare Zurückbleiben der Christen hinter ihrer Berufung. Christen können ermüden. Selbstzweifel können ihren Lebenswillen unterwandern. Dauernde oder immer wiederkehrende Schmerzen können zu ihrem normalen Leben dazugehören. Kummer und Sorgen können sie niederdrücken. In all dem dürfen und sollen sich Christen von der Hingabe Jesu ergreifen lassen. Sie dürfen und sollen es tun im Vertrauen, daß die Liebe Gottes in Jesus ein wirkliches und wirksames Heilmittel für Leib und Seele ist. Die Eucharistie ist eine heilende und vergebende Kraft, auch wenn aus ihr nicht einfach gesunde und heile Menschen hervorgehen. Menschen können doch erfahren, wie sie erneuert und aufgerichtet werden.

(5) Gedächtnis und Vergegenwärtigung

Die Hingabeworte Jesu werden im Hochgebet abgeschlossen mit dem Auftrag: Tut dies zu meinem Gedächtnis. Damit ist mehr gemeint, als daß die Seinen nicht vergessen sollen, was er getan hat. Durch das Gedächtnis will er selbst in seiner Hingabe an die Seinen immer neu gegenwärtig werden.

Diese Gegenwärtigkeit Jesu in der Eucharistiefeier ereignet sich auf vielfältige Weise. Zuerst gilt den in seinem Namen Versammelten bereits die Zusage, daß der Auferstandene mitten unter ihnen ist. Anders tritt er in ihre Mitte in der Person des Priesters. Die Gemeinde begrüßt dann Jesus Christus als ihren Lehrer in seinem Wort. Schließlich schenkt der Herr sich der Gemeinde und allen einzelnen Mitfeiernden als gegenwärtig in den Gaben von Brot und Wein. Das heißt: Es geht nicht um eine Gegenwart des Herrn als Selbstzweck; vielmehr wird der Herr gegenwärtig, um sich mitzuteilen.

Zwischen Menschen können Dinge als Zeichen einer Beziehung so in Dienst genommen werden, daß sie dadurch mit einer neuen Bedeutung erfüllt werden. Ein Ring als Zeichen von Liebe und Treue ist nicht mehr nur ein Gegenstand. Ein Blumenstrauß, der Dankbarkeit und Verehrung mitteilen soll, ist nicht mehr nur eine Ansammlung botanischer Gewächse. Wir Menschen können uns allerdings mit keinem Ring, mit keinem Strauß so gleichsetzen, daß wir ihn geben könnten mit den Worten: Das bin ich für dich. Eben dies aber tat der Herr und tut er in der Eucharistie mit den Gaben von Brot und Wein.

(6) Leben aus der Kraft des Geistes

Alle angesprochenen Bedeutungen der Eucharistiefeier haben ihren Grund im Wirken des Geistes. Der Geist bewegt die Versammelten zum Dank. Er macht sie zu einer Gabe, die für immer Gott gefällt (Drittes Hochgebet). Er ist das Band der Einheit und des Friedens. Er nährt und stärkt, heilt und versöhnt. Er erfüllt die Gaben mit der Gegenwart

Jesu in seiner Hingabe. Im leibhaftigen Essen und Trinken empfangen die Versammelten immer neu den Geist, der sie lebendig macht.

An Jesus machten die Menschen seiner Zeit die Erfahrung, daß von ihm eine Kraft ausging. Seine Worte veränderten etwas in ihnen. Durch die Berührung mit ihm wurden Kranke geheilt. Menschen, die auf Kosten anderer lebten, bekehrten sich. Diese Erfahrung gehörte zusammen mit seiner Predigt, daß Gott neu nahekommt mit seiner heilenden und rettenden Macht. Jesus wirkte in der Kraft des Geistes. Diese Kraft teilte er als der Auferstandene denen mit, die der Welt das neue Nahekommen Gottes bezeugen sollen. Mit ihr ist die Erfahrung verbunden, daß Menschen sie nie ein für allemal haben können wie einen Besitz. Sie können aber dauernd um diese Gabe bitten und werden erhört (vgl. Lk 11,13). Ein Ort des Lebens aus der Kraft des Geistes Jesu ist die Feier der Eucharistie. Christen, die in der Welt auch Mächten kalter Konkurrenz, törichter Repräsentation, leerer Unterhaltung, ungezügelten Konsums, der Habgier und der Lüge, des Neides und der Mißgunst ausgesetzt sind, suchen das Kraftfeld Jesu. In ihm wird ihnen die Fähigkeit zu solidarischem Denken, Reden und Tun erneuert. Menschen, die mutlos und müde, schwach und verwundet sind, kommen zum Quell des Lebens. Aus ihm kommt ihnen, was sie für ihre nächsten Schritte brauchen.

Die Eucharistie ist das immer wieder gefeierte Zeichen der Kirche. Wie Menschen immer wieder essen und trinken müssen, weil sie nie genug aufgenommen haben, um aus sich leben zu können, so müssen die Glaubenden immer wieder den

Geist empfangen, der sie als Christen leben läßt. Was Taufe und Firmung begründen und anfangen lassen, hat in der Eucharistie das Sakrament des Bleibens und Wachsens. Schon die ersten Christen erfuhren, daß auf den Anfang der Christusgemeinschaft eine nicht unbedrohte Geschichte folgt. Im Evangelium des Johannes lesen wir die Mahnung: „Bleibt in meiner Liebe" (15,9). Und: „Wer mein Fleisch ist und mein Blut trinkt, der bleibt in mir, und ich bleibe in ihm" (6,56).

Zeichen des Anbruchs, der Verheißung und des Aufbruchs

Glaubenden wird in der Feier der Eucharistie bereits hier und heute die wirkliche und wirksame Liebe Gottes durch Jesus Christus im Heiligen Geist geschenkt. Der Erhöhte im Leben des Vaters beginnt damit, alle und alles an sich zu ziehen (vgl. Joh 12,32). So können Christen erfahren, wie die Liebe Gottes sie erfüllt, stärkt und reinigt. Es bleibt aber die Erfahrung mit einem Anfang. Nicht in jeder Feier wird dieser Anfang gleich erfahren. Auch in der Feier der Eucharistie gibt es das Leiden an der Verborgenheit Gottes und an mangelnder Offenheit des Menschen für Gottes Nähe.

Wo der Anfang der neuen Gemeinschaft Gottes mit uns Menschen erfahren wird, kann er einen „Vorgeschmack" auf die alle und alles umgreifende Freude eines Lebens ohne Tod und ohne Trennung geben. Was die Glaubenden empfangen, macht sie nicht satt. Es wird ihnen nicht schon alle Sehnsucht gestillt. Durch den Vorgeschmack ewiger Freude wird ihnen die Sehnsucht sogar am Leben erhalten und gesteigert. Sie rufen zu dem, dessen Tod und Auferstehung sie verkünden, „bis du kommst in Herrlichkeit". Das Wort „Herrlichkeit" läßt sie denken an ein letztes Kommen ihres Herrn, in dem der unverhüllte Glanz seiner Liebe für alle sichtbar wird. Dieser Glanz soll alles erneuern und erfüllen. Die Offenbarung des Johannes spricht davon so, daß man sowohl an den Anbruch in der Feier der Eucharistie als auch an die sehnsüchtig zu erwartende Vollendung denken kann: „Seht, die Wohnung Gottes unter den Menschen! Er wird in ihrer Mitte wohnen, und sie werden sein Volk sein; und er, Gott, wird bei ihnen sein. Er wird alle Tränen von ihren Augen abwischen: Der Tod wird nicht mehr sein, keine Trauer, keine Klage, keine Mühsal. Denn was früher war, ist vergangen" (21,3-4).

Der durch diese Verheißung bereits heute wirksame Trost ist von einer resignativen Vertröstung zu unterscheiden. Die begonnene Versöhnung der Menschen mit Gott und untereinander läßt aufbrechen in eine Zukunft, in der die Menschen immer tiefer und umfassender davon ergriffen werden. Der eine Tisch, der die Menschen in der Eucharistie verbindet, drängt zur Entwicklung von Lebensweisen, in denen die Menschen solidarisch miteinander teilen. Diejenigen, die das Kommen ihres Herrn in Herrlichkeit erwarten, sind aufgerufen, sich auf seine Ankunft zu bereiten. Sie müssen ihm entgegengehen.

Ort der Anbetung

Die Begegnung mit dem lebendigen Gott können und dürfen wir nicht auf einen bestimmten Ort begrenzen. „In ihm leben wir, bewegen wir uns und sind wir" (Apg 17,28). So ist auch die Rede von der Kirche als „Haus Gottes" nicht eng zu verstehen. Gott kann und will bei allen und in allen Häusern dasein, wo Menschen ihn einlassen. Zugleich gilt, daß dieser lebendige Gott Zeiten und Orte kennt, in denen er sich als der den Menschen Nahe zeigt. So erfuhr ihn z. B. Mose im brennenden Dornbusch. Vor allem erfuhren ihn so die Jünger, wenn ihnen das Geheimnis der Nähe Gottes in Jesus aufging. Das begann in seinen Erdentagen. Am Kreuz war von der Macht und dem Licht Gottes in Jesus nichts mehr zu spüren. Und doch fing unter dem Kreuz eine neue Geschichte der Anbetung der Liebe Gottes in Jesus an. „Als der Hauptmann, der Jesus gegenüberstand, ihn auf diese Weise sterben sah, sagte er: Wahrhaftig, dieser Mensch war Gottes Sohn" (Mk 15,39). Als der Auferstandene dem Thomas seine Todeswunden zeigte, antwortete dieser: „Mein Herr und mein Gott" (Joh 20,28).

Die Feier der Eucharistie ist der Ort, an dem die Hingabe Jesu bis in den Tod im sichtbaren Zeichen gegenwärtig wird. Darum ist sie der Ort christlicher Anbetung. Wenn Christen die Liebe ihres Gottes in Jesus anbeten, dann geht damit einher ein Staunen über eine Größe Gottes, die sie nicht erniedrigt. Sie halten sich selbst in die Gegenwart ihres Herrn, wie Menschen sich sonst der Wärme und dem Licht der Sonne aussetzen. Sie übereignen sich dem, dem sie gehören und von dem sie sich gerade dadurch empfangen. Sie öffnen sich dem, der sich ihnen zuinnerst mitteilen möchte.

Die Anbetung gehört zuerst in die Feier der Eucharistie selbst. Sie äußert sich im Hören und

Schauen, in der Haltung des Leibes und der Geste des Empfangens, im Schweigen und Singen. Schon früh begann man, vom eucharistischen Brot etwas übrigzulassen. Vor allem den Kranken, die sich nicht mit versammeln konnten, sollte es gebracht werden, damit auch sie auf diese Weise am Geheimnis des Glaubens teilhaben. Im Laufe der Zeit wurde der Ort der Aufbewahrung dieses Brotes zu einem Ort der Anbetung außerhalb der eigentlichen Eucharistiefeier. Diese Frömmigkeitsform wurde reich entfaltet, als das eucharistische Brot in feierlicher Weise (in Monstranzen, also Zeigegeräten) gezeigt und angeschaut wurde. Bis heute antworten so Christen ähnlich wie Thomas auf die Nähe der Liebe Gottes in der Hingabe Jesu. Wichtig ist dabei, daß immer die Gabe angebetet wird, in der Liebe gegeben und empfangen werden soll. Und wichtig ist, daß die Christen aus der Kraft dieser Gabe der Welt die Nähe der Liebe Gottes bezeugen (also die lebendigen Monstranzen, Zeigegeräte sind).

„Jeder soll sich selbst prüfen" (1 Kor 11,28)

Mit diesem Satz forderte der Apostel Paulus die Christen in Korinth auf, nicht ohne Selbstprüfung am eucharistischen Mahl teilzunehmen. Ihm war berichtet worden, daß die Reichen in der Gemeinde nicht mit den Armen teilten. Ihr Leben widersprach damit dem, was sie in der Eucharistie feierten.

Viele Jahrhunderte hindurch lebten fast alle der vielen Christen der Volkskirche in dem Bewußtsein, nicht zur Kommunion gehen zu dürfen. Nur nach einer Reinigung durch das Bußsakrament wagten sie die Teilhabe am Tisch des Herrn. Sahen sie sich doch normalerweise so in Sünden, daß die Einladung zum Essen und Trinken ihnen nicht gelten konnte. Erst in unserem Jahrhundert begann eine Besinnung darauf, daß Christen gerade in ihren Schwächen und in ihrer alltäglichen Sündigkeit vom Herrn angerufen werden, im Empfang seines Leibes neue Kraft und aufrichtende Vergebung zu suchen. Es wird weiter unten davon zu sprechen sein, wann das Bußsakrament notwendig oder sinnvoll ist. Wir dürfen hier zunächst sagen, daß alle die, die um ein christliches Leben bemüht sind, teilhaben sollen am Leib des Herrn.

Es bleibt die Mahnung, daß jeder sich selbst zu prüfen habe. Die Teilhabe an der Kommunion kann nicht gut sein, wo ein Christ nur nach eigenem Belieben und nicht in verbindlicher Treue an der Versammlung zur Eucharistie teilnimmt. Wer nicht bereit ist, sich mit seinem Nächsten zu versöhnen, darf nicht zum Zeichen seiner Versöhnung mit Gott herantreten. Wer nicht mit den Armen teilt, wie es der Geist ihm eingibt, ist nicht wirklich offen für die Gemeinschaft, in die die eucharistische Gabe ihn einbeziehen will. Würdig ist niemand, den Herrn bei sich aufzunehmen. Aus der demütigen Einsicht in diese Wahrheit kann die Bitte um ein Herz wachsen, das der Herr sich bereiten möge. Diese Bitte wird erhört.

Auf der Suche nach dem einen Tisch aller Christen

Die Rede von den getrennten Christen ist nicht ganz richtig. Zumindest in der Taufe gibt es eine

Einheit der römisch-katholischen Kirche mit den Kirchen der Orthodoxie und den Kirchen der Reformation. Auch das apostolische Glaubensbekenntnis verbindet diese Kirchen. Schmerzlich bleibt die Trennung in der Feier der Eucharistie bzw. des Abendmahles. Einheit der Christen muß nicht ausschließen, daß es Kirchen mit unterschiedlicher Ausprägung des Christlichen gibt. Einheit kann mit Vielfalt zusammengehen. Es muß aber eine Einheit gesucht werden, die es den Christen möglich macht, ihre Einheit im eucharistischen Mahl zu feiern.

Die christlichen Kirchen sind, vor allem nach dem letzten Konzil, Wege aufeinander zugegangen. Nicht zuletzt haben sie eine weitgehende Übereinstimmung über die Feier des Abendmahles bzw. der Eucharistie gefunden. Schwerer ist die Annäherung in der Frage, wie wichtig das Amt für diese Feier ist. Mit den Kirchen der Reformation muß noch weiter gesprochen werden über die bleibende Gegenwart des Herrn in den eucharistischen Gaben.

Ob die Gemeinschaft zwischen den Kirchen schon so weit gewachsen ist, daß sie auch zusammen die Eucharistie feiern können, wird unterschiedlich beurteilt. Gemeinsam ist die Überzeugung von der Eucharistie als Zeichen der Einheit. Die katholische Kirche sagt aus dieser Überzeugung, daß die Einheit Voraussetzung für die Eucharistiegemeinschaft ist. Die Kirchen der Reformation sagen aus der gleichen Überzeugung, daß auf dem Grunde der bereits gefundenen Gemeinschaft die weitere Einheit als Frucht der Eucharistiegemeinschaft erhofft werden darf. Vielleicht müssen in die andauernde Suche nach dem einen Tisch aller Christen deren Gemeinden intensiver einbezogen werden. Eine neue Einheit der Christen kann nicht allein von theologischen Experten und höheren Amtsträgern gefunden werden.

Wie Kinder anfangen können mitzufeiern

In den Kirchen der Orthodoxie nimmt man die kleinen Kinder nicht nur durch die Taufe in die Glaubensgemeinschaft hinein. Man firmt sie auch gleich und gibt ihnen Anteil an der Eucharistie. In unserer Kirche bildete sich eine andere Überlieferung heraus. Man führte die Heranwachsenden erst in den Glauben der Kirche ein und feierte dann mit ihnen die Erstkommunion. Sie hatten dann ein ähnliches Alter erreicht wie die Jugendlichen noch heute in den meisten evangelischen Kirchen bei ihrer Konfirmation. In unserem Jahrhundert begann die Kirche, ihre Kinder schon sehr viel früher zum Tisch des Herrn einzuladen. Voraussetzung ist nicht mehr die Vertrautheit mit den wichtigsten Glaubenslehren. Wohl müssen die Kinder die eucharistischen Gaben von gewöhnlicher Nahrung unterscheiden können. In manchen Bistümern ermutigte man die Eltern, ihre Kinder schon vor der Einschulung selber zur Erstkommunion zu führen. Inzwischen ist man damit zurückhaltender geworden, und die Kinder werden meistenorts in kleineren Gruppen gemeinsam auf ihre Teilhabe an der Kommunion vorbereitet.

Das Wichtigste ist für Kinder, daß sie hineingenommen werden in eine Glaubensgemeinschaft. Ganz nahe leben meistens die Eltern mit den Kindern. Die größte Hilfe ist es dann, wenn die Kinder an der ehrfürchtigen Liebe ihrer Eltern zum Geheimnis der Eucharistie teilnehmen können. Die Kindergruppe kann diese Hilfe durch die Erfahrung ergänzen, daß nicht nur der eigenen Familie die Begegnung mit Jesus wichtig ist und daß Eucharistie Gemeinschaft über die Familie hinaus ausdrückt und schafft.

Zum Tod Jesu können Kinder nur recht anfänglich eine Beziehung aufbauen. Doch können sie nach den Erzählungen von der Zuwendung Jesu zu den Beladenen, Kranken, Sündern und Kleinen auch hören, wie die Menschen ihn ablehnten. Kinder erfahren schon früh direkt oder durch Medien, wie lieblos Menschen mit anderen sein können. Sie können eine Beziehung dazu bekommen, wie Jesus seiner Liebe treu blieb und mit dieser seiner Liebe bei uns sein will. Sie können aufnehmen, daß das, was der Priester an der Stelle Jesu bei der Darreichung von Brot und Wein sagt, meint: „Nehmt dies; ich bin es für euch." Kinder möchten gerne, daß die, die ihnen wichtig sind, ihnen nahe sind. So können sie das Verlangen anderer Glaubender teilen, daß ihnen Jesus nahekommen möge. Sie können lernen, dieses Verlangen in einer ehrfürchtigen Geste des Empfangens auszudrücken und anschließend in der Nähe Jesu zu verweilen.

Kinder müssen als erstes immer erfahren, wie sie Liebe empfangen. Im Heranwachsen können und müssen sie auch erfahren, wie sie mit den in ihnen wachsenden Möglichkeiten auch beansprucht werden. Wenn sie anfangen, an der Eucharistiegemeinschaft teilzuhaben, können und müssen sie auch anfangen, Mitverantwortung für den

Frieden in ihren kleinen Lebenswelten zu übernehmen. Sie können und müssen aufnehmen, daß Jesus nicht bei ihnen ist, um alle ihre Wünsche unkritisch zu segnen. Sie können und müssen sich dem Willen Jesu öffnen, ihnen bei ihrer Mühe um ein Leben im Frieden beizustehen. Wenn Kinder dies mit ihnen nahen Menschen teilen können, können sie erfahren, daß sie dadurch nicht belastet, sondern in ihre guten Möglichkeiten gerufen werden.

4. DIE FEIER DER BUSSE

Krise der Beichte

Für die Frömmigkeit katholischer Christen war und ist mancherorts bis heute ihre Praxis der Beichte kennzeichnend. Diese hing vor allem zusammen mit der fast allgemeinen Vorstellung, nur nach einer „guten Beichte" an der Kommunion in der Eucharistie teilhaben zu dürfen. Wo die Christen zum Kommuniongang ermutigt wurden, auch wenn sie nicht jedesmal vorher gebeichtet hatten, veränderte sich ihre Beziehung zum Bußsakrament. Daß viele seltener oder sehr selten beichten, viele sogar diese Form der Buße aufgegeben haben, muß nicht ein Zeichen schwindenden Sündenbewußtseins sein. Es kann auch anzeigen, daß viele Schwierigkeiten haben, ihre Umkehr und Bitte um Vergebung in der überlieferten Form der Beichte auszudrücken. Diese Schwierigkeiten haben vor allem diejenigen, die mit der Beichte ängstigende und erniedrigende Erfahrungen verbinden.

In dieser Situation gewinnen die Formen der Umkehr und Versöhnung an Bedeutung, die nicht sakramental sind. Es muß zugleich neu danach gesucht werden, wo die Gestaltung von Umkehr und Vergebung durch das Sakrament notwendig oder sinnvoll ist und welche Gestaltung als aufrichtend und heilend erfahren wird. Beim Blick in die Kirchengeschichte sehen wir, daß das Bußsakrament recht unterschiedlich gefeiert werden kann. Wahrscheinlich geht bei uns eine Ausprägung dieses Zeichens zu Ende. Es fordert uns dazu heraus, gemeinsam danach zu suchen, wie die Feier der Buße einen neuen Ort in der Kirche finden kann. Dabei kann der erneuerte Ritus dieses Sakramentes eine Hilfe sein.

Buße gehört zum christlichen Leben

Keines Menschen Leben kann gelingen und sich entfalten ohne die Bereitschaft zur dauernden und von Zeit zu Zeit bewußt gesuchten Erneuerung. Es wird wohl kein Weg so konsequent gegangen, daß er nicht gelegentlicher Neuorientierung bedarf. Wo Menschen sich engagieren, erfahren sie normalerweise, wie sie ermüden und anfängliche Hingabe zurücknehmen können. Sie brauchen eine Rückkehr zur „ersten Liebe" (vgl. Offb 2,4). Zwischenmenschliche Beziehungen sind bedroht durch Mangel an Aufmerksamkeit, durch ein Ausweichen vor den gemeinsamen Möglichkeiten oder durch Verweigerungen von Mitfreude und Mitleid. Lebendig bleiben diese Beziehungen nur durch immer neu gesuchte gegenseitige Zuwendung. In ihr wird zugleich auf vielfältige Weise Vergebung gelebt.

Christen verstehen ihr Leben auch und sogar zuerst als Geschichte mit Gott. Bei uns wachsen sie meistens langsam in die Geschichte, die Gott mit ihnen sucht, hinein. Einige werden von Gott in eine Lebenskrise geführt, in der sie durch eine Bekehrung einen ganz neuen Lebensanfang finden. Immer erfahren Christen, daß sie nie ein für allemal auf ihren Gott geantwortet haben. Und sie erfahren, wie ihre Aufmerksamkeit für Gott nachlassen kann; wie sie ausweichen können vor dem, was sie als seinen Willen erkannten; wie ihre Lebensart weniger von Jesus Christus als von ihrer Umwelt geprägt wird. Diese Wahrheit zuzulassen, ist nicht immer angenehm. Darum verbinden viele mit dem Wort „Buße" eher dunkle Erfahrungen, die sie meiden möchten. Wichtiger ist die andere Seite der Buße: daß Gott denen neues Leben gibt, die es bei ihm suchen; daß sein Geist Wunden heilt; daß seine Vergebung belastende Schuld vernichtet; daß sein Zuspruch neu auf den Weg bringt. Darum kann Buße gefeiert werden. Umso festlicher soll dies geschehen, je weiter ein Mensch sich entfernt hatte. Jesus erzählte, wie der Vater, der den verlorenen Sohn wiederfand, diesem ein Festgewand anlegen, ihn schmücken und ihm ein reiches Festmahl mit Musik und Tanz ausrichten ließ.

Für die Buße als dauernde und gelegentlich bewußt gesuchte Erneuerung christlichen Lebens gibt es eine Vielfalt von Formen. Das Hören auf das Gotteswort kann reinigen und vertrauter machen mit wahrem Leben. Die Mitfeier der Eucharistie hat vergebende Kraft und verbindet tiefer mit Jesus Christus. Werke der Nächstenliebe können das Herz aus seiner Enge befreien in die Weite der Liebe Gottes. Wenn Christen einander darauf aufmerksam machen, wo sie hinter ihren Möglichkeiten zurückbleiben und dies mit dem Gebet füreinander verbinden, eröffnet Gott ihnen reicheres Leben. Wo Glaubende sich ihrem Gott in einer sogenannten Herzensbeichte mit ihren Schwächen und Wunden, mit ihren Lieblosigkeiten und ihrer für sie selbst nie ganz durchschaubaren Erbärmlichkeit anvertrauen, finden sie Erbarmen und erfahren sie, wie sie daraus gestärkt und aufgerichtet hervorgehen. Die sakramentale Form der Buße ist zu kennzeichnen durch die Zuordnung zur Taufe.

Erneuerung der Taufe

Die „Vergebung der Sünden", aus der nach dem Glaubensbekenntnis der Christen die Kirche hervorgeht, meint die Taufe. Sie ist das erste Bußsakrament. Die Erwachsenen, die in der frühen Kirche getauft wurden, kamen oft aus einer Welt, die für die Werte des Evangeliums blind war. Sie erfuhren sich in die Sünde dieser Welt vielfach verstrickt. Die Taufe war ihnen das Zeichen, daß sie aus der Vergebung ihres Gottes zu neuem Leben befreit werden.

Je intensiver das Geschenk dieses Neuanfangs erfahren wurde, desto stärker war der Impuls, das neue Leben in Treue zur Wirkung kommen zu lassen. Die Christen strebten danach, in der Gemeinschaft mit Christus zu bleiben und zu wachsen. Nicht zuletzt dazu suchten sie die Eucharistiegemeinschaft. Dennoch konnte es vorkommen, daß Christen dem neuen Anfang Gottes mit ihnen auf ganz schwerwiegende Weise untreu wurden. In Zeiten der Verfolgung verleugneten einige ihren Glauben. Das galt als Trennung von der Gemeinschaft, auch wenn es eher aus Schwäche geschah. Wo sich Christen durch Mord, Ehebruch oder schweren Betrug in Gegensatz zum Evangelium setzten, hatten sie sich wohl schon früher innerlich abgesetzt. Nicht nur dies kam vor. Es fanden auch Getaufte, die gegen ihr Taufbekenntnis gehandelt hatten, zu neuer Umkehr. Sie suchten die Versöhnung mit Gott und mit der Kirche.

Es war eine schwere Frage, ob Christen, die den einzigartigen Schatz ihrer Taufberufung ausdrücklich oder durch ihr Handeln verleugnet hatten, wieder in die Gemeinschaft der Kirche aufgenommen werden dürfen. Es setzte sich die Überzeugung durch, daß dort, wo Menschen untreu werden, Gott dennoch treu bleibt. Vor allem erinnerten sich die Christen an Jesu Botschaft von dem Gott und Vater, der niemanden endgültig verloren gibt. So feierte die Kirche mit denen, die aus der Fremde heimkehrten, ihre Versöhnung. Sie wurden nicht noch einmal getauft; denn Gott hatte das, was er in ihrer Taufe mit ihnen begonnen hatte, nicht zurückgenommen. Der neue Anfang mit ihnen konnte darum an ihrer Taufe anknüpfen und sie erneuern. Weil die Heimkehrenden die Ernsthaftigkeit ihrer Umkehr in einer Zeit der Buße unter Beweis stellen mußten, nannte man das Bußsakrament auch die zweite, mühsame Taufe.

Diese Erinnerung ist wichtig für die Wahrnehmung der Situationen, in denen die Kirche auch heute Versöhnung an die sakramentale Form der Buße bindet. Ausdrückliche Verleugnung des Glaubens dürfte bei uns sehr selten vorkommen. Christen können aber ihren Glauben so verblassen lassen, daß er schließlich nicht mehr lebt. Christen werden bei uns eher ausnahmsweise durch schwere Verbrechen gegen ihre Taufe handeln. Sie können aber in klarem Gegensatz zum Evangelium auf Kosten anderer leben, ihre Nächsten durch Treulosigkeit schwer verwunden, sich der Habgier überlassen, unempfindlich werden für das Recht der Armen. Wo Christen aus dem Widerspruch zu ihrer Taufe zurückfinden, steht ihnen die Tür zur Versöhnung weit offen. Sie werden verstehen, daß sie in der Gemeinschaft nicht so Platz nehmen können, als sei nichts gewesen. Ihr Neuanfang muß begangen werden – auch und gerade, weil er ein Geschenk ist. Wichtig ist dabei, daß die Heimkehrenden zu ihrer Sünde stehen und sie bekennen; wichtiger ist, daß sie vom Amtsträger (der für die Kirche steht) das Zeichen der Versöhnung empfangen.

Es galt immer, daß nur die schwere Sünde oder die sogenannte Todsünde zum Empfang des Bußsakraments als neuem Zugang zur Eucharistiegemeinschaft der Kirche verpflichtet. Die Christen sahen sich aber so vielfach von der Gefahr der schweren Sünde umstellt (vor allem im Umgang mit ihrer Sexualität), daß es ihnen unmöglich scheinen mußte, über eine längere Zeit schwere Sünden zu meiden. Unser Vertrauen ist gewachsen, daß das Verlangen nach einem christlichen Leben von der Kraft Gottes getragen wird. Wir erinnern uns wieder deutlich daran, daß Jesus vor allem vor den Gefahren des Mißbrauchs von Macht und der Selbsttröstung im Reichtum warnt. Es gibt auch schwere Lieblosigkeit in sexuellen Beziehungen; aber in sie geraten Christen nicht, solange sie in sexuellen Handlungen Liebe ausdrücken und empfangen wollen. In diesem Bewußtsein sehen sich viele Christen nicht mehr so oft an die Form des Bußsakraments gebunden. Hier bleibt zu fragen, wann die sakramentale Feier der Buße auch bei grundsätzlicher Treue zur Taufe einen guten Sinn haben kann.

Einladung zum Bußsakrament

Die Kirche kennt nicht nur eine Verpflichtung auf das Bußsakrament, sondern auch die Einladung zu dieser Form der Buße. Dahinter steht die Erfahrung vieler Christen, wie ihnen das Bußsakrament eine wichtige Hilfe zu einem gelebten Glauben war und ist. Gegen diese Erfahrung kann nicht die gute oder bessere Erfahrung anderer Christen mit anderen Formen der Buße eingewandt werden. Wohl ist zu klären, was die Einladung zum Bußsakrament näher begründen kann.

Es ist nicht selbstverständlich, daß wir dauernd aus der Vergebung Gottes leben dürfen. Unsere alltägliche Sündigkeit könnte wie eine Last anwachsen, die unser Leben schwer behindern würde. Es kann wichtig sein, uns gelegentlich dessen bewußt zu werden, welches Geschenk Vergebung für uns ist. Unser Bewußtsein wird dabei nicht allein von unseren Gedanken geprägt. Tiefer reicht ein Handeln, in dem wir uns der neuschaffenden Güte Gottes aussetzen und uns Vergebung schenken lassen.

Eine Lebens- und Glaubenserfahrung ist, daß unser Leben und Glauben verliert, wo wir uns den selbstkritischen Blick auf uns ersparen. Das Bußsakrament kann ein wichtiger Anlaß zur Selbstprüfung sein. Seine Praxis in regelmäßigen Zeiträumen kann einen wichtigen Halt bedeuten. Wo Christen nicht mehr regelmäßig die sakramentale Buße feiern, kann es ihnen doch wiederholt wichtig werden, sich über sich selbst Rechenschaft zu geben. Das kann die Zeit vor den großen Festen sein. Es können Situationen des Rückzugs und der Besinnung auf unseren Lebensgrund sein. Nicht zuletzt geben biographische Gedenktage Anlaß, das eigene Leben anzuschauen und es der erneuernden Kraft Gottes anzuvertrauen.

Auch dort, wo Christen ihre Taufe treu zu leben suchen, hat es Sinn, wenn sie im Bußsakrament Kontakt zur verheißungsvollen Kraft ihrer Taufe aufnehmen. Dies gilt insbesondere dort, wo sie als Kinder getauft wurden und daher mit ihrer Taufe keine Erfahrungen verbinden. Die sakramentale Feier der Buße ist eine Möglichkeit, Erfahrungen mit unserem Getauftsein zu machen. Auch wenn Christen nicht aus schwerer, todbringender Sünde kommen, können sie erfahren, wie sie aus der Übereignung an das Erbarmen Gottes neu geboren werden.

Zuordnung zur Bußfeier

Fast alles, was hier vom Sinn des Bußsakramentes gesagt ist, gilt auch für die Bußfeier. Das ist der Grund, warum viele Christen die gemeinsame Bußfeier als für sie hilfreiche Form der Buße entdeckt haben und pflegen. Sie kann gegenüber der sakramentalen Feier der Buße nicht durch den Verdacht abgewertet werden, in ihr sei das vergebende Handeln Gottes weniger wirksam. Die Unterschiede in der Form sind gleichwohl deutlich zu machen.

In der gemeinsamen Bußfeier stellt sich die Glaubensgemeinschaft als Gemeinschaft von Sündern dar. Sie setzt sich gemeinsam dem reinigenden Gotteswort aus. Sie bekennt gemeinsam ihr Angewiesensein auf Vergebung und empfängt die versöhnende Zuwendung ihres Gottes. In der sakramentalen Buße stellt sich (auch bei gemeinsamer Feier) der Christ als unvertretbar einzelner seiner Lebenswahrheit. Er bekennt, wie er sich in schuldhafter Weise seinen Mitmenschen und dem Gott seines Lebens versagt hat. Und er empfängt, auf sich und seine Situation bezogen, das vergebende Zeichen der Treue Gottes zu seiner Taufe. Dies kann insbesondere dann sinnvoll sein, wenn sich ein Christ in Situationen befindet, die ihn als einzelnen betreffen – z. B. in Situationen der Trauer oder bei wichtigen Lebensentscheidungen. Andererseits kann die gemeinsame Feier der Buße ihren besonderen Ort dort haben, wo Christen zu ihrer gemeinsamen Verstrickung in die Sünde der Welt stehen und Auswege suchen – z. B. bei der Spaltung der Menschheit durch Elend und Reichtum oder angesichts der Bedrohtheit des Lebens durch maßlosen Konsum.

Zur Liturgie der Feier der Buße

Das Bußsakrament wird zum Teil bis heute auch „Beichte" genannt. Das liegt bei einer Form des Sakramentes nahe, bei der das Bekenntnis der Sünden stark im Vordergrund steht. Auf die Beichte in der Anonymität des Beichtstuhles bereiten sich die einzelnen durch Gewissenserforschung, Reue und Vorsatz allein vor. Auf ihr Bekenntnis hin erhalten sie vom Priester einen Zuspruch, die Auflage eines Bußwerkes und die Lossprechung. Nach ihrer Entlassung danken sie für die Vergebung (oft verbunden mit dem Bußwerk, wenn dies als Gebet auferlegt wird).

Die liturgische Neuordnung soll vor allem erfahrbarer machen, daß das Bußsakrament eine gottesdienstliche Feier ist. Sie sieht folgende Elemente vor:

- Vorbereitung des Priesters und des Beichtenden durch Gebet.
- Begrüßung und Eröffnung mit dem Kreuzzeichen.
- Lesung eines Gotteswortes, das zur Umkehr und zum Vertrauen auf die Barmherzigkeit Gottes ruft.
- Sündenbekenntnis und Auferlegung einer Genugtuung.
- Gebet des Gläubigen, das Reue und Vorsatz zum Ausdruck bringt.
- Lossprechung durch das Ausstrecken der Hände über das Haupt des Gläubigen und die Worte: „Gott, der barmherzige Vater, hat durch den Tod und die Auferstehung seines Sohnes die Welt mit sich versöhnt und uns den Heiligen Geist gesandt zur Vergebung der Sünden. Durch den Dienst der Kirche schenke er dir Verzeihung und Frieden. So spreche ich dich los von deinen Sünden im Namen des Vaters und des Sohnes und des Heiligen Geistes."
- Lobpreis Gottes und Entlassung.

Dieser Gottesdienst kann mit einzelnen gefeiert werden. Die Neuordnung sieht auch eine gemeinsame Feier mit Bekenntnis und Lossprechung der einzelnen vor. Beide Formen werden in den meisten Gemeinden nur sehr zögernd aufgenommen.

Die herkömmliche Form der Beichte prägt noch stark die Einstellung und Erwartung sowohl bei den Priestern als auch bei den Gläubigen. Eine neue Beheimatung der Feier der Buße im Leben der Gemeinde muß mit Geduld und durch den Austausch von Erfahrungen mit der erneuerten Liturgie gesucht werden.

Schon vor der liturgischen Neuordnung wurde vielerorts das Beichtgespräch (oft in einem eigens dafür hergerichteten Beichtzimmer) als eine Form des Bußsakramentes eingeführt. Diese Möglichkeit wird von denen angenommen, die die Anonymität des Beichtstuhles weniger hilfreich als störend empfinden. Der Name Beichtgespräch zeigt dazu die Erwartung an, über ein Bekenntnis hinaus die Lebenssituation zu besprechen. Diese gemeinsame Beratung kann mit der Feier der Buße verbunden werden. Sie darf aber nicht verdecken, daß es vor allem um die glaubende Begegnung mit dem Wort Gottes und mit dem Geschenk seiner Vergebung geht.

Die Hinführung von Kindern zur Feier der Buße

In sehr vielen Gemeinden werden die Kinder im Zusammenhang ihrer Vorbereitung auf die Erstkommunion auch zum Bußsakrament hingeführt. Diese Praxis geht auf die Zeit zurück, in der der Kommunionempfang an den vorherigen Empfang des Bußsakramentes gebunden war. In dem Alter, in dem die Kinder bei uns zur Erstkommunion gehen, können sie noch nicht auf die sakramentale Form der Buße verpflichtet werden. Es sind ihnen keine so schwerwiegenden Entscheidungen gegen

Gott oder ihre Nächsten möglich, daß sie im Sakrament versöhnt werden müßten. Doch sehen viele für die Erziehung und Katechese der Kinder Verantwortliche einen guten Sinn darin, Kinder vor ihrer Erstkommunion mit der sakramentalen Feier der Buße vertraut zu machen. Andere möchten den Kindern lieber nach ihrer Erstkommunion im Rahmen einer weiterführenden Katechese Erfahrungen mit dem Bußsakrament ermöglichen.

Schwerer als diese Einzelfragen wiegt die Grundfrage, welche Zukunft des Bußsakramentes über die Kinder zu erwarten ist. Die Erfahrung zeigt, daß Kinder im Laufe ihres Heranwachsens die Lebens- und Glaubenspraxis übernehmen, die sie an ihnen wichtigen Menschen beobachten können. Für die Praxis der Buße heißt dies, daß Kindern eine künftige Beziehung zur Feier der Buße nicht allein durch die Katechese ermöglicht werden kann. Es muß eine glaubwürdige und anziehende Praxis der Feier der Buße in den Gemeinden geben, in denen sie heranwachsen. Dann kann ihnen die Katechese helfen, an dieser Praxis der Erwachsenen teilzuhaben. Wo Kinder erfahren, daß der Empfang des Bußsakramentes vor allem eine Sache der Kinder ist, werden sie ihn mit ihrer Kindheit zurücklassen.

Weil die Buße ein unverzichtbares Element christlichen Lebens ist, ist es wichtig, daß Kinder sie zu leben lernen. Schon früh können sie teilhaben an vielfältigen Formen der Buße. Sie können Gott und Menschen bitten, ihnen in der Mühe um das Gute beizustehen und ihnen zu vergeben, wo sie in dieser Mühe versagt haben. Sie können sich von Jesus hineinrufen lassen in ein Leben, dem der

Friede mit anderen und die Hilfe für die Schwachen ganz wichtig ist. Sie können miteinander und mit ihnen wichtigen Erwachsenen besprechen, wie wir im Glauben aufrichtig mit unseren Schwächen und unserer Schuld umgehen und uns nicht überall herausreden und als unschuldig darstellen. Sie können nicht zuletzt lernen, sich der erneuernden Vergebung Gottes bei der Begegnung mit Jesus in der Eucharistie anzuvertrauen. Wie sie darüber hinaus zur sakramentalen Feier der Buße finden, wird davon abhängig, wie Gemeinschaften erwachsener Christen diese Feier als wichtige Erfahrung auf ihrem Glaubensweg entdecken und pflegen.

5. DIE KRANKENSALBUNG

Jesus – Heiland der Kranken

Das Sakrament der Krankensalbung ist begründet im irdischen Wirken Jesu. Alle Evangelien bezeugen, daß er sich in besonderer Weise zu den Kranken gesandt wußte. In seiner Nähe wurden viele von ihren Leiden befreit. Darum drängten die Kranken zu ihm. Oder die Angehörigen brachten sie ihm. Ein Name für Jesus wurde „Heiland der Kranken".

Das heilende Handeln Jesu war eng verbunden mit seiner Predigt. Er rief den Menschen zu, daß Gott, sein Vater, ihnen neu nahekommt. Gott will seinen Willen durchsetzen, daß die Menschen leben sollen. Er will sie von allen Mächten befreien, die sie an Leib und Seele schädigen. Er will schließlich dem Tod entgegentreten, der in der Krankheit seine Vorboten schickt. Wenn Jesus Kranke heilte, wurde sichtbar, was er in der Predigt sagte. Seine Heilungen waren Zeichen der neuen Nähe Gottes in ihm.

Wenn Jesus gerade an den Kranken handelte, wollte er allen etwas mitteilen. An den Kranken wird unausweichlich erfahrbar, was uns alle betrifft: Wir sind nicht heile Menschen in einer heilen Welt. Die Kranken sind nicht eigentlich die anderen. Das Leben aller Menschen – auch das der körperlich und seelisch gesunden – ist verflochten mit vielerlei Weisen, in denen Leben behindert, verwundet, belastet, dem Tode ausgesetzt ist. Allen Menschen predigt Jesus in Heilungen seinen Gott, der alle Not sieht und sie von seinen Menschen nehmen will.

Die Erinnerung an Jesu Heilungen steht in tiefer Spannung zu der Erinnerung, daß er selbst das Dunkel von Schmerz und Tod auf sich nahm. Am Kreuz konnte man ihm seinen Gott, der alles heilen will und kann, nicht glauben. Erst als er sich mit seinen Wunden als der endgültig von seinem Vater Geheilte zeigte, konnte der Glaube an Gottes heilende Nähe in ihm um sich greifen. Die Boten dieses Glaubens sollten sich wie Jesus gerade den Kranken zuwenden. Wo das Evangelium verkündet wurde, bekamen überall auf der Welt die Kranken eine neue Stellung bei denen, die zum Glauben kamen.

Das erste Sakrament für die Kranken sind Christen, die ihnen pflegend und heilend, tröstend und beistehend nahe sind. Dabei ist nicht nur an die Orden zu denken, die sich ganz in den Dienst an den Kranken stellen. Viele Familienangehörige bringen mit ihrer Nähe bei den Kranken auch die Nähe Gottes zu ihnen. Viele Schwestern und Pfleger, Ärztinnen und Ärzte, die ihren Beruf aus ihrer Tauf- und Firmberufung zu leben suchen, dürfen und sollen sich gesalbt wissen als Gesandte Gottes zu den Kranken. Kirchliche Krankenhäuser sind nicht nur Orte medizinischer Kunst und Technik, sondern auch Räume für das aufrichtende und heilende Wirken des Heiligen Geistes.

Feier der heilenden Nähe Gottes bei den Kranken

In den Zusammenhang vielfältiger Zuwendung von Christen zu den Kranken gehört die Feier der

Krankensalbung. In ihr wird die Nähe Gottes bei den Kranken, die die Christen mit ihrem Tun bezeugen, in einem Gottesdienst gefeiert. Zu diesem Gottesdienst versammeln sich die, die mit ihrem Glauben die Hoffnung ihrer kranken Schwester oder ihres kranken Bruders mittragen wollen. Die nähere Zeichenhandlung ist von einer Atmosphäre gläubigen Gebetes umgeben. Ihr geht voraus das Hören auf ein Wort aus dem Evangelium, das die Hoffnung auf Gott in der Not der Krankheit stärkt.

Der Priester legt dem Kranken die Hände auf. Er folgt damit dem Tun Jesu. Durch die Berührung wird Nähe leibhaftig erfahrbar. Die Hände auf dem Kopf können von aufmerksamer Zärtlichkeit, von Schutz und Geborgenheit, von der Mitteilung von Kraft sprechen. Das alles kann auch miteinander verbunden sein. In einem Dankgebet wird das Öl – auch heute die Basis vieler natürlicher Heilmittel – in Dienst genommen für die glaubende Begegnung des Kranken mit Gott. Zur Salbung auf der Stirn und auf den Händen spricht der Priester: „Durch diese heilige Salbung helfe dir der Herr in seinem reichen Erbarmen. Er stehe dir bei mit der Kraft des Heiligen Geistes. Der Herr, der dich von deinen Sünden befreit, rette dich, in seiner Gnade richte er dich auf." Kranke, die diese Salbung an sich geschehen und sich diese Worte zusagen lassen, vertrauen sich in ihrem Angewiesensein auf Hilfe und Erbarmen, auf Rettung und Aufrichtung dem Handeln ihres Gottes an.

Die Krankensalbung kann im Zusammenhang mit einer Eucharistiefeier oder einer Krankenkommunion begangen werden. Diese kann insbesondere bei langer oder sogar dauernder Krankheit, in der

Kranke immer wieder Trost und Aufrichtung benötigen, die Beziehung zur Eucharistie als „Heilmittel für Leib und Seele" vertiefen.

Situation der schweren Krankheit

Die Handlung der Salbung und die dazu gesprochenen Worte machen deutlich, daß das Sakrament keine „letzte Ölung" ist. Die Krankensalbung gehört darum nicht in die Sterbesituation, sondern in die Situation der schweren Krankheit. Sie kann ihren Ort zwar auch in plötzlich über einen Menschen hereinbrechender Todesgefahr haben; bei ernsten Krankheiten soll aber nicht mit diesem Zeichen gewartet werden, bis sich die Nähe des Todes anzeigt. (Um die Hoffnung für einen Christen nach seinem Tod auszudrücken, ist die Erinnerung an die Taufe durch eine Besprengung mit Wasser und eine Segnung des Leichnams geeigneter als die Krankensalbung.)

Die Situation der schweren Krankheit ist objektiv nicht näher zu bestimmen. Zu berücksichtigen ist, daß die Schwere einer Krankheit nicht allein vom körperlichen Zustand der Kranken bestimmt wird. Schwer wird eine Krankheit auch durch die innere Not, die mit ihr verbunden ist. Manche Krankheiten bestehen sogar mehr in inneren Ängsten, Selbstzweifeln und Dunkelheiten als in Funktionsstörungen oder Verletzungen der Organe. Die Krankensalbung hat dort ihren Ort, wo Christen in der Not ihrer Krankheit die heilende und aufrichtende Berührung ihres Heilandes und in ihrer Schwäche die Stärkung durch den Heiligen Geist suchen.

In fast allen Krankheiten haben Menschen eine Geschichte – mit sich und ihren Angehörigen, mit Ärzten und Pflegenden und auch mit ihrem Gott. Zur Krankheit als Geschichte mit Gott kann gehören die Auflehnung und die Klage, das vertrauensvolle Verlangen nach Stärkung und Heilung, das Sammeln aller Lebenskräfte für einen Prozeß der Gesundung und die ergebene Annahme der Übermacht der Krankheit. Diese inneren Zustände können sich ablösen und wiederkehren. Die Krankensalbung soll der Geschichte der Kranken mit ihrem Gott dienen. Das kann geschehen am Anfang einer Geschichte in der Angst, die eine ernste Diagnose auslöst. Ein anderer wichtiger Ort für das Zeichen kann eine Krise sein, in der sich entscheidet, ob die Krankheit besiegt werden kann.

Zur Wirkung der Krankensalbung

Die Krankensalbung ist zu unterscheiden von magischer Gesundbeterei. Letztere verspricht bzw. erwartet von einer Handlung mit dazu gesprochenen Worten eine Wirkung. Bei der Krankensalbung richten Christen ihre Hoffnung auf ihren Gott, der ihnen in der Handlung und in den dazu gesprochenen Worten begegnen will. Die grundlegende Wirkung des Sakramentes ist darum, daß Kranken in ihrer Hoffnung auf den Gott ihres Lebens gestärkt werden.

Erbetet wird, daß sich diese Glaubensbegegnung heilend auf die Kranken auswirkt. Dabei ist auch an leibhaftige Gesundung gedacht. Im Glauben überantwortet sich der ganze Mensch seinem Gott, und Gott teilt sich mit seiner Nähe dem ganzen

Menschen mit. Dies kann den Menschen an Leib und Seele heilen. Immer wieder dürfen Christen – nicht nur an dafür berühmten Wallfahrtsorten – heilendes Handeln Gottes erfahren. Wir müssen allerdings zugestehen, daß in unserer Kultur körperliche Heilungen als Zeichen für den Glauben selten sind. Vielleicht liegt es daran, daß wir sie zu wenig von Gott erwarten.

Die Stärkung der Glaubenden in ihrer Hoffnung auf Gott kann heilende Wirkung in dem Sinne haben, daß sie in der inneren Not ihrer Krankheit gerettet und gestärkt werden. Diese innere Aufrichtung kann bei den einen Kranken Kräfte freisetzen, die der leibhaftigen Genesung dienen. Bei anderen kann sie eine wirksame Hilfe sein, bleibende oder fortschreitende Krankheit anzunehmen, ohne darin der Bitterkeit und Trostlosigkeit zu verfallen. Gerade wenn wir Leib und Seele des Menschen als Ganzheit anerkennen, gibt es viele unterschiedliche Weisen, wie Menschen Heilung durch Gott erfahren.

Eine Wirkung der Krankensalbung kann sein, daß Glaubende in der Begegnung mit Jesus, der die Not der Menschen auf sich nahm, bereit und gestärkt werden, an dieser Not mitzutragen. Mit Krankheit kann die Berufung zur Gemeinschaft des Leidens mit Jesus an unserer unheilen Welt verbunden sein. Diese Berufung können Kranke nur selbst entdecken. Leben könen sie sie aus der Kraft des Geistes, der ihnen in der Salbung zugesprochen wird.

Die Annahme von Leid meint nicht Verzicht auf das Verlangen nach Freude. Die Bereitschaft zu sterben steht nicht im Gegensatz zu der Sehnsucht nach Leben. Christen glauben an den Gott und Vater, der nur Freude und Leben will. In der Hoffnung auf diesen Gott können sie die Kraft empfangen, Leid und Tod anzunehmen. Sie trauen ihrem Gott – auch in der Krankensalbung – zu, daß er ein letztes Handeln für sie hat, in dem alles Leid getröstet und die Macht des Todes endgültig gebrochen wird.

Die Worte zur Krankensalbung sprechen auch von der Vergebung der Sünden. Sie unterstreichen, daß es um den ganzen Menschen geht. Sünde ist in der Bibel verweigertes oder an falschen Quellen gesuchtes Leben. Jesus weist den Verdacht zurück, daß konkrete Krankheit auf persönliche Sünde zurückgeht. Wohl gilt, daß es keine umfassene Heilung des Menschen gibt, ohne daß er durch Umkehr und Vergebung zur wahren Quelle des Lebens findet.

6. DIE EHE VON CHRISTEN

Das Ehesakrament besteht nicht in einer gottesdienstlichen Feier – etwa der Trauung. Das ganze Leben zweier in der Ehe miteinander verbundender Christen ist vom Handeln Gottes erfülltes Zeichen – für die Partner untereinander, für ihre Kinder, für die christliche Gemeinde, für ihre Nachbarn und Freunde, für unsere Gesellschaft. Das Wort „Sakrament" bekommt bei der Ehe eine ganz eigene Bedeutung.

Nähe Gottes in menschlicher Liebe

Wo Menschen von anderen Menschen Zuneigung und Güte, Trost und Vergebung erfahren, empfangen sie immer mehr, als Menschen einander aus eigener Vollmacht geben können. Die Liebe anderer Menschen kann uns sagen, daß wir liebenswürdig sind. Sie kann uns zeigen, daß es gut ist mit uns. Sie kann uns mitteilen, daß wir dem Grund des Lebens vertrauen dürfen. Die Kraft dazu hat menschliche Liebe nicht aus sich. Sie empfängt sie von Gott, der den Menschen in ihrer Fähigkeit zu lieben Anteil an seinem Leben gibt. Das tut er auch bei denen, denen das Geheimnis ihrer Liebe verborgen bleibt.

Die erste Erfahrung mit der geheimnisvollen Kraft menschlicher Liebe machen fast alle als Kinder mit ihren Eltern. Wo Eltern ihre Kinder annehmen, ihre Bedürfnisse stillen, sie mit ihrer Wärme umgeben, zärtlich zu ihnen sind, geben sie ihnen nicht nur Zeichen ihrer eigenen Liebe. In ihrer menschlichen Liebe schenken sie ihren Kindern zugleich Erfahrung mit einem alles tragenden Wohlwollen im Grunde des Lebens. So lernen Kinder nicht nur ihren Eltern, sondern dem Leben überhaupt vertrauen. Wo Kinder vernachlässigt werden, haben sie es nicht nur schwer, anderen Menschen zu vertrauen. Sie müssen oft mit schweren Zweifeln leben, ob es gut ist, daß es sie gibt, und ob es überhaupt gut ist, daß es uns alle gibt. Eltern sind in der Liebe zu ihren Kindern im weiteren Sinne des Wortes Sakramente, also Zeichen der guten Nähe Gottes.

Anteil an seiner Fähigkeit zu lieben gab Gott dem Menschen vor allem dadurch, daß er ihn als Mann und Frau erschuf. Der Mensch erfährt sich als nicht in sich selbst ruhendes, sich selbst genügendes Einzelwesen. Der Mensch verlangt danach, zu lieben und geliebt zu werden. Wo Mann und Frau einander in diesem Verlangen nahekommen und zusammenfinden, werden sie sich gegenseitig mehr oder minder bewußt als Geschenk erfahren. Die kostbarste Gabe Gottes an den Menschen ist der Mensch. In ihm gibt Gott ein Zeichen von sich. In menschlicher Liebe sagt Gott dem Menschen, daß er aus Liebe erschaffen wurde und daß er für eine einmal alle und alles umfassende Liebe bestimmt ist. In menschlicher Liebe ist Gott dem Menschen nah. Wo Menschen vom anderen Menschen allein gelassen, getäuscht oder sogar mißbraucht werden, betrifft auch diese Erfahrung nicht nur die zwischenmenschliche Ebene. Sie kann den Menschen in seiner Tiefe einsam machen, in Selbstzweifel stürzen oder sogar in Selbstmißachtung treiben. Menschen können in der Verweigerung von Liebe dem anderen Menschen Liebe Gottes verbergen.

„Liebt einander, wie ich euch geliebt habe" (Joh 13,34)

Jede Liebe zwischen Mann und Frau lebt mit dem Geheimnis Gottes in ihrer Mitte. Wo Christen sich in der Ehe aneinander binden, nehmen sie dieses Geheimnis bewußt als Geschenk und als Auftrag an. In ihrer Taufe empfingen sie die Berufung, die ihnen geschenkte Liebe Gottes in Jesus Christus mit Brüdern und Schwestern zu teilen und in die Welt zu tragen. Diese alle Christen verbindende Berufung macht die Ehe von Christen zum Sakrament. Mann und Frau werden durch ihre Teilhabe an der Liebe Gottes in Jesus Christus ausgerüstet und beansprucht, in ihrer menschlichen Liebe zugleich die Liebe Gottes in die alltägliche Nähe des ihnen in der Ehe verbundenen anderen Menschen zu tragen. Christen können und sollen aus der Kraft des Heiligen Geistes einander in ihrer menschlichen Liebe zu erfahren geben, wie erfüllend gut Gott dem Menschen zugewandt ist; wie er den Menschen in verläßlicher Treue beheimatet; wie unermüdlich er den Menschen in seiner Vergebung sucht; wie stark sein Trost angeht gegen den Menschen bedrängende Traurigkeiten. Das ist von Ehe zu Ehe unterschiedlich zu leben. Mann und Frau werden auch in den unterschiedlichen Zeiten der Geschichte ihrer Ehe anderes voneinander brauchen. Im Grunde brauchen sie wohl immer das gegenseitige Geschenk, sich nicht allein zu lassen.

Mit dem Wort „Liebe" kann gerade im Blick auf die Beziehung von Mann und Frau ein breites Spektrum von Erwartungen verbunden werden. Die Liebe, die sie empfangen und die sie einander weiterzugeben haben, wird für Christen anschaulich in der Liebe Jesu Christi. Ein besonderes Zeichen findet diese in der Fußwaschung. Er, der der Herr ist, macht sich zum Diener. Dadurch will er die Menschen von ihrer Sucht, sich übereinander zu erheben, befreien und ihr Leben heilen. In der Ehe kann von Gott geheilte Welt beginnen, wo Mann und Frau einander dienen und auf jede Herrschaft oder Erhabenheit verzichten. Ein anderes Zeichen der Liebe Jesu ist, daß er die Last unseres Lebens trug. Liebe in der Ehe will und soll Freude miteinander teilen. Mann und Frau dürfen und sollen einander aber auch das Mittragen ihrer Last zumuten. Darin vergegenwärtigen sie einander tragende Nähe Gottes.

Menschen können einander in der Ehe überfordern. Sie können voneinander grenzenloses Glück erwarten. Sie können miteinander eine heile Welt errichten wollen. Die Ehe als Sakrament meint, daß Menschen einander wirklich und wirksam Erfahrung mit Glück schenken und um den Anfang einer von Gott her geheilten Welt bemüht sein sollen. Sie dürfen aber füreinander Menschen mit ihren Grenzen und Schwächen bleiben. Sie dürfen und sollen einander in menschlicher Liebe einen Vorgeschmack der alle Sehnsucht beantwortenden

Liebe Gottes geben. Sie können einander aber nicht letzte Heimat und alles erfüllendes Ziel sein. Sie können und sollen mit dem Himmel auf Erden beginnen; aber gerade die Erfahrung des Glücks, das Gott ihnen miteinander schenkt, soll sie offen halten für das Glück, in dem Gott einmal alle und alles in sich versöhnt.

Die Ehe in der Kirche

In unserer Gesellschaft wird von vielen die Ehe als die ganz private Angelegenheit zweier Menschen angesehen. Tatsächlich ist sie dies sehr oft. Menschen lassen sich vielfach allein, und dann bleiben auch viele Paare mit iher Liebe allein. Ohne die gegenseitige Anziehungskraft von Mann und Frau wären wahrscheinlich sehr viele Menschen bei uns ganz allein. Die Frage ist, ob wir uns diesem Zug zur Unverbindlichkeit und Unverbundenheit überlassen dürfen.

So wichtig auch für Christen der Rückzug in die kleine Lebenswelt ihrer Ehen (bzw. Familien) ist, so wenig darf er sie von der Gemeinschaft mit anderen trennen. Christen sind in der Ehe nicht nur Zeichen füreinander und in der Familie für ihre Kinder. Eine Ehe, die sich in sich abschließt, kann nicht Zeichen der Liebe Gottes sein; denn die Liebe Gottes ist offen und will andere einbeziehen. So gehören zur Ehe als Sakrament die Mitfreude und das Mitleid mit anderen. Dazu sind Christen zuerst berufen in ihren Gemeinden, in denen Kirche konkret wird. Ihre Offenheit gilt darüber hinaus allen, die Gastfreundschaft und Anteilnahme brauchen.

Damit hat die Ehe Anteil an der umfassenden Friedenssendung der Kirche. Um Frieden geht es nicht nur in den großen Lebenswelten zwischen Nationen und Blöcken. In den kleinen Lebenswelten leben die Menschen mit der Sehnsucht nach Frieden im Sinne von Verständnis und gegenseitiger Anteilnahme, von miteinander geteiltem Leben und gegenseitiger Förderung. Vielen Ehen oder eheähnlichen Partnerschaften in unserer Gesellschaft gelingt es nicht, diese Sehnsucht zu leben. Diese Erfahrung stützt den Verdacht, daß die Kräfte, die Menschen voneinander entfremden, übermächtig werden können. Die Ehe von Christen kann und soll gegen diesen Verdacht ein Zeichen dafür sein, daß Gottes Macht, Menschen in einer liebenden Verbundenheit zu halten, größer ist als alle trennenden Kräfte. Dieses Zeugnis schulden die Christen zwar zuerst ihren Kindern und den Schwestern und Brüdern innerhalb der Glaubensgemeinschaft, aber ihre treu gelebte Liebe soll und kann darüber hinaus an einem Klima verläßlicher Beheimatung mitwirken. So bekommt die Ehe als Sakrament auch Bedeutung für die, die nicht an der Glaubensgemeinschaft Anteil haben.

Auf wenig Verständnis stößt in unserer Gesellschaft, daß es in der Kirche keine Ehescheidung gibt. Dies ist wohl nur von denen zu verstehen, die das Evangelium Jesu aufgenommen haben. Jesus deckt den Menschen auf, daß Gott am Anfang Mann und Frau untrennbar miteinander verbinden wollte. Dies lebt in ihnen als Sehnsucht bis heute, wo sie einander wirklich lieben. Jesus sagt ihnen als frohe Botschaft zu, daß sie diesen guten Willen Gottes leben können, wo sie sich ihm anvertrauen.

Weil Christen im Glauben der Geist geschenkt wird, der sie in ihren Ehen immer neue Wege zueinander finden läßt, können und sollen sie sich unauflöslich aneinander binden. Damit sollen sie nicht belastet, sondern zu dem ermächtigt werden, wonach sie in der Tiefe ihres Herzens verlangen.

Ehe und Familie

Früher begannen die meisten Ehen im Lebenszusammenhang einer größeren Familie. Sie wurden durch die unmittelbare Verbundenheit von Sexualität und Fruchtbarkeit auch selber sehr bald Familien mit eigenen Kindern. So spricht man bis heute von Ehe und Familie in einem Atemzug. In Wirklichkeit sind viele Ehen bei uns zunächst nur Ehen mit einem ganz eigenen Lebensraum. Meistens werden sie für etwa zwei Jahrzehnte Familie. Oft leben Eltern nach dem Auszug der Kinder wieder nur als Ehepartner zusammen, auch wenn die bleibende Gemeinschaft mit den Kindern eine bleibende Bereicherung dieser Ehen bedeutet. Wenn viele Menschen in unserer Gesellschaft ein hohes oder sogar sehr hohes Alter erreichen, bedeutet dies für viele Ehen einen langen gemeinsamen Weg mit sehr unterschiedlichen Zeiten und unterschiedlichen Herausforderungen.

Wo die Ehe eine eigene, nicht immer mit Familie verbundene Wirklichkeit geworden ist, kann ihre Offenheit für Kinder grundsätzlich in Frage gestellt werden. Zwar wünschen sich auch in unserer Gesellschaft die meisten Ehen in einem ganz unmittelbaren Verlangen Kinder; aber selbstverständlich ist dieses Verlangen nicht mehr. Es gibt Ehen, die die Fruchtbarkeit ihrer Liebe bewußt und entschieden ablehnen. Die Kirche erkennt diese Ehen nicht als wirkliche Ehen an. Für sie gehört die Berufung zu ehelicher Liebe zusammen mit der Offenheit für schöpferisches Wirken Gottes. Mit der Fruchtbarkeit ihrer ehelichen Liebe dürfen und müssen Mann und Frau in der Ehe verantwortlich (und das heißt meistens: begrenzend) umgehen; sie dürfen sie aber nicht grundsätzlich ausschließen.

Kinder sind in unserer Gesellschaft nicht notwendig für die je eigene (wohl für die gemeinschaftliche) Lebenssicherung. Eltern werden sie gleichwohl als Reichtum nicht zuletzt für ihre Ehe erfahren. Es liegt eine eigene verbindende Kraft darin, wenn Ehepartner die Gabe und Aufgabe von Kindern miteinander teilen dürfen. Wo einer Ehe eigene Kinder versagt bleiben, kann die Annahme von Kindern auf vergleichbare Weise verbinden und bereichern. Manchmal kann das Fehlen von Kindern als Berufung erfahren werden, als Ehe andere Möglichkeiten gastfreundlicher Offenheit für Menschen in ihren Freuden und Nöten, Hoffnungen und Ängsten zu suchen.

Die kirchliche Trauung

Die Trauung ist nicht das Sakrament der Ehe. In ihr versprechen Christen vor der Gemeinschaft ihres Glaubens, daß sie sich zu sakramentaler Ehe verbinden. Dies geschieht in einer Feier, in der das Eheversprechen zu einem Bekenntnis des Glaubens wird. Christen nehmen einander als Gabe von Gott an. Gemeinsam vertrauen sie darauf, von ihrem Gott die Liebe zu empfangen, die sie füreinander brauchen. Für ihren gemeinsamen Weg suchen sie das Mitgehen ihres Gottes. Sie nehmen einander nicht als Besitz. Sie helfen einander ans Ziel – bereit, sich gegenseitig freizugeben in die vollendenden Hände ihres Gottes.

Nur in der Hoffnung auf Gott können Menschen sich auf eine unbekannte Zukunft hin binden. Sie nehmen einander an als Mann und Frau und versprechen Treue in guten und in bösen Tagen, in Gesundheit und Krankheit. Sie wollen einander lieben und achten, bis der Tod sie scheidet. Was diese Zusage bedeutet, können sie noch nicht wissen. Sie können aber durch ihren Glauben gewiß sein, daß sie ihr Versprechen leben können. Durch die konkret versammelte Gemeinde wird ihr Glaube mitgetragen vom Glauben der Kirche und darin von der Erfahrung vieler Ehen mit der Liebe Gottes in menschlicher Liebe.

Wo Christen eine lebendige Beziehung zur Eucharistie haben, feiern sie diese bei ihrer kirchlichen Trauung. Darin empfangen sie die Gabe für den Auftrag „Liebt einander, wie ich euch geliebt habe". Im Zeichen des einen Brotes und des einen Kelches teilen sie die Liebe ihres Herrn, an der sie ihre eheliche Liebe ein Leben hindurch werden nähren können. Der Dank, in dem sie dies tun, wird in ihnen zur Kraft für ihren Weg. Das geschieht in der Gemeinschaft des Glaubens. Durch die Feier der Eucharistie wird sichtbar, daß die Ehe nicht die ganz private Angelegenheit zweier Menschen ist; sie gehört in den Bund, in dem Christus sich der Kirche verbunden hat und immer neu verbindet.

Versöhnung in Situationen des Scheiterns

Daß Ehen scheitern, gehört zur Wirklichkeit auch der Kirche. Manchmal fehlt der Ehe etwas für sie Unverzichtbares (z. B. die Freiheit des Willens) von Anfang an. Dann kann sie auch als von Anfang an ungültig erklärt werden. Aber auch Ehen von Christen, die als Sakramente zu leben begonnen haben, können zerbrechen. Oft bleibt undurchschaubar, wie dabei Unverfügbares und Schuldhaftes zusammenwirken. Ganz ohne Schuld geht wohl keine Ehe auseinander. Christen werden sehr oft bekennen müssen, daß sie die Kräfte des Glaubens nicht ausreichend gesucht haben. In der Kirche versprechen Christen einander die Treue, bis der Tod sie scheidet. Wie können und sollen sie nach dem Scheitern ihrer Ehe mit diesem Versprechen umgehen? Sie wollten ein Zeichen der treuen Liebe Gottes leben. Sind sie daraus entlassen, nachdem sich ihre Wege trennten? Es gibt Christen, die nach dem Scheitern ihrer sakramentalen Ehe auf eine neue eheliche Beziehung verzichten und damit ein Zeugnis ihrer Ehrfurcht vor der Ehe als Zeichen Gottes geben. Wo sie diesen Weg aus innerer Berufung gehen und im Glauben die Kraft dazu empfangen, dienen sie auf kostbare Weise der Glaubensüberzeugung vom Geheimnis der Ehe.

Es kann in unserer Gesellschaft sehr schwer werden, nach dem Scheitern einer Ehe allein zu bleiben. Wir können nicht immer sicher sein, daß Gott den Menschen wirklich das Alleinbleiben zumutet. Viele Christen kommen zu der aufrichtigen Überzeugung, daß sie das Geschenk einer neuen Beziehung annehmen und als gütigen Willen Gottes mit ihnen erkennen dürfen. Die Kirche steht hier zwischen zwei Weisungen des Evangeliums. Sie darf nicht trennen, was Gott verbunden hat. Sie hat aber auch den Auftrag, Versöhnung zu leben und die Menschen Barmherzigkeit erfahren zu lassen.

Übereinstimmung gibt es in der Kirche, daß Christen ihr Scheitern mit all der erkannten oder unerkannten Schuld dem Erbarmen ihres Gottes anvertrauen und sich von ihm mit ihrer Geschichte versöhnen lassen sollen. Sie sollen auch Versöhnung suchen mit dem Menschen, dem sie in ehelicher Liebe verbunden waren. Wenn sie vor Gott zu der Überzeugung kommen, eine neue eheliche Beziehung eingehen zu dürfen, so dürfen sie ihrer Einsicht folgen. Sie trennen sich damit nicht von der Kirche. Sie gehören empfangend und gebend weiter zur Gemeinschaft des Betens und der Nächstenliebe, des Hörens auf das Evangelium und des Feierns der Nähe Gottes bei uns Menschen. Sie dürfen und sollen versöhnt mit der Kirche leben und dies in einer konkreten Gemeinde erfahren.

Nicht allgemeine Übereinstimmung gibt es in der Frage, ob diese Versöhnung auch ihren Ausdruck finden kann und soll in der eucharistischen Tischgemeinschaft. Auf der einen Seite gibt es – nicht nur amtliche – Stimmen, die den Verzicht auf die Kommuniongemeinschaft als Zeichen der Gebrochenheit der Situation erwarten. Andere Stimmen erfahren es als nicht ausreichende Versöhnung, wenn Schwestern und Brüder, die treu zur eucharistischen Versammlung am Herrentag kommen, auf die Dauer von der Tischgemeinschaft getrennt sind. Sie möchten die in einer zweiten Ehe Lebenden ermutigen, nach einer Zeit des Verzichtens die Kommuniongemeinschaft wieder aufzunehmen. Die Zeit dafür kann gekommen sein, wenn sich die neue Beziehung bewährt hat und in ihr Liebe, Treue und Offenheit für andere gelebt wird.

7. DIE WEIHE

Das Amt in der Kirche

Gemeinschaften von Menschen sind lebendig, wenn möglichst alle in ihnen mit ihren Begabungen zur Wirkung kommen können. Wenn die Gemeinschaften etwas größer sind, brauchen sie Menschen, die in besonderer Weise für den Zusammenhalt und den gemeinsamen Weg Verantwortung übertragen bekommen und übernehmen.

In der Demokratie werden diese Menschen gewählt. Mit der Annahme der Wahl, die oft mit einer Amtseinführung verbunden wird, erhalten sie die in der Satzung beschriebenen Vollmachten. Sie haben ihr Amt nicht für sich, sondern für die Gemeinschaft.

Das gilt auch für das Amt in der Kirche. Niemand wird für sich geweiht. Er empfängt Auftrag und Vollmacht für eine Gemeinschaft von Glaubenden, in denen Kirche konkret wird. Auch in der Kirche ist es möglich, die für das Amt geeigneten Kandidaten zu wählen. Auftrag und Vollmacht werden ihnen aber nicht aus der Gemeinschaft übertragen. Sie werden für ihren Dienst geweiht.

Die Kirche entsteht nicht aus der Initiative und Kraft von Menschen. Die Kirche wird durch das Wort des Evangeliums zusammengerufen. Die Sendung zur Verkündigung des Evangeliums empfangen die Boten von Jesus Christus in der Mitteilung seines Geistes. Die Kirche lebt nicht von dem, was die einzelnen in sie einbringen. Sie entsteht durch das, was Gott an den Christen in ihrer Taufe und Firmung tut, und sie lebt von dem, was ihr in der Feier der Eucharistie gegeben wird. Für die Kirche ist kennzeichnend, daß sie hört und empfängt. Sie sagt sich das Evangelium nicht selber. Sie gibt sich die Hingabe ihres Herrn nicht selber.

Daß die Kirche von ihrem Herrn gegründet und genährt wird, wird in der Weihe von Amtsträgern sichtbar. Durch Handauflegung erhalten sie Anteil an der Sendung der ersten Boten, die Jesus in den Dienst des Evangeliums rief und nach seiner Auferstehung in die Welt sandte. In seinem Namen sollten sie handeln. Diese Sendung wird weitergegeben, damit die Liebe Gottes in Jesus Christus zu allen Menschen und in allen Zeiten getragen wird.

Die Amtsträger müssen sich das Evangelium immer wieder selber sagen lassen. Sie müssen immer neu aus der Gabe des Geistes in der Eucharistie leben. So gehören sie zu der hörenden und empfangenden Gemeinde. Sie stehen ihr im Auftrag des Amtes auch gegenüber. Sie verkünden der Gemeinde das Evangelium, und sie handeln an der Stelle Jesu Christi in der Hingabe seines Leibes und Blutes.

Vollen Anteil an der Sendung der Apostel hat der Bischof. Er ist der Amtsträger in einer Ortskirche. Bei uns umfassen diese Ortskirchen einen größeren Raum mit oft einer Vielzahl größerer und kleinerer Ortsgemeinden. Für den Dienst in diesen Gemeinden beteiligt der Bischof Priester durch die Weihe an seinem Amt. Wie in der frühen Kirche kommt in der Weihe von Diakonen die besondere Sendung des Amtes zu den Armen, Kranken und von vielerlei schweren Lebensnöten Beladenen zum Ausdruck.

Der Bischof wird durch seine Weihe hineingenommen in das Kollegium aller Bischöfe, das durch das Petrusamt des Bischofs von Rom in der Einheit gehalten wird. Dadurch steht jede Ortskirche in Gemeinschaft mit der Weltkirche. Die Priesterweihe nimmt in die Gemeinschaft der Priester eines Bistums auf. Durch den Priester ist so jede Gemeinde verbunden mit den anderen Gemeinden des Bistums. Das Amt hat große Bedeutung für die Einheit des neuen Gottesvolkes in den vielen Völkern. Diese Einheit, die die Vielfalt der Ortskirche zusammenfügt, ist wichtig für die Kirche als Zeichen des Willens Gottes, die eine Menschheit in sich zu versöhnen.

Das Amt im Dienst der vielen Gaben einer Gemeinde

Das Amt des Priesters in der Gemeinde darf und kann die gemeinsame Verantwortung für das Leben der Gemeinde nicht ersetzen. Dies gilt zuerst im Blick auf das gemeinsame Priestertum. Alle haben durch Taufe und Firmung Anteil am Priestertum Jesu. Jesus lebte es durch seine Hingabe an den Willen des Vaters. Den Christen wird der Geist Jesu geschenkt und erneuert, damit hier und heute durch sie der gute Wille Gottes für die Menschen geschieht. Dadurch werden sie mit Christus zur Gabe, die Gott gefällt. Das ist das gemeinsame Priestertum, das auch Gabe und Auftrag des geweihten Priesters bleibt. Der geweihte Priester hat die Christen durch seinen Dienst der Verkündigung und in der Feier der Sakramente für ihre priesterlichen Aufgaben auszurüsten und zu stärken.

In der Vielfalt der Gaben, von der oben bei der Firmung die Rede war, wirkt der eine Geist. Er hält die Christen in der gegenseitigen Glaubensstärkung, im Dienst am Nächsten und in der Feier der Geheimnisse Gottes am Leben und fügt sie zur Gemeinde zusammen. Der Leitungsdienst des Priesters sorgt für die innere Einheit der Gemeinde und für ihre Liebes- und Glaubensgemeinschaft mit der Kirche im Bistum und darüber hinaus in der Welt. Weil die Feier der Euchariste Quelle und Höhepunkt des ganzen christlichen Lebens ist, findet in ihr die Gemeinde mit ihren vielen Gaben und Diensten ihre Mitte. Der Prieser, der dieser Feier vorsteht, braucht eine Beziehung zu dem Leben der Gemeinde, das in ihr zusammengetragen und aus ihr erneuert wird.

In jüngerer Zeit haben sich in unseren Gemeinden neben- und hauptamtliche Dienste von Laien herausgebildet. Ein Grund war die geringere Zahl der Priester. Laien können die Priester von einigen ihrer Aufgaben entlasten. Ein anderer Grund war die Einsicht, daß manche Aufgaben nicht zum eigentlichen Dienst des Priesters gehören und besser von Laien wahrzunehmen sind. Schließlich erfordert die moderne Gesellschaft einige Dienste der Kirche, für die besondere Fähigkeiten ausgebildet werden müssen. Zum Auftrag des Priesters im Dienst der vielen Kräfte einer Gemeinde gehört, daß er den Laiendiensten Raum gibt und für ihr vertrauensvolles Zusammenwirken Sorge trägt.

Die Mitverantwortung aller für das Amt

Die Mitwirkung der Ortskirchen bei der Auswahl von Kandidaten für das Bischofsamt ist bei uns sehr gering. Auch die Gemeinden werden kaum beteiligt an der Frage, wer in ihnen für die Übernahme des Dienstes als Priester geeignet ist. Dies war nicht immer so in der Geschichte der Kirche. In der Ortskirche bzw. in der Gemeinde wurde gemeinsam danach gesucht, wer die Gabe hatte, den Dienst des Amtes zu übernehmen. Als geeignet galt, wer die Liebe, die die jeweilige Glaubensgemeinschaft verband, vergegenwärtigen und mit der Gesamtkirche verbinden konnte. Manche fragen heute neu, wie bei uns die Mitverantwortung aller für das Amt durch die Wahl von Weihekandidaten wahrzunehmen ist.

Wo es keine Wahl von Bischöfen, Priestern und Diakonen gibt, bleiben Möglichkeiten der Mitsorge aller um diese Dienste. Geeignete Kandidaten wachsen in den Glaubensgemeinschaften von Familien, Gruppen und Gemeinden. Amtsträger müssen von denen, für die sie Dienst tun, angenommen werden. Sie brauchen Gemeinschaften des Glaubens und Betens, durch die sie in ihren Aufgaben mitgetragen werden. Sie sind angewiesen auf die Bereitschaft und Fähigkeit vieler zur Mitverantwortung in Formen gemeinsamer Beratung. Ohne Ermutigung und Kritik ist ein fruchtbarer Dienst in einer Gemeinschaft auf die Dauer nicht möglich.

Die Mitverantwortung aller für das Amt erfordert in unserer Situation einen offenen und vertrauensvollen Dialog über die Weihe von Verheirateten und von Frauen. Dieser Dialog muß mit Geduld geführt werden. Mit der Frage der Bereitschaft zum ehelosen Leben als Voraussetzung für die Priesterweihe ist eine ganze Reihe von Einzelfragen verbunden, die nicht schnell zu beantworten sind. Bei der Frage der Weihe von Frauen treffen unterschiedliche Überzeugungen aufeinander, die mit tiefen Unsicherheiten, Ängsten und Verwundungen verwoben sein können. Im Gespräch darüber führen nicht allein Argumente weiter. Noch wichtiger ist das gegenseitige Verstehen. Dieses wird vor allem dann gebraucht werden, wenn wegen unterschiedlicher gesellschaftlicher Voraussetzungen die Ortskirchen zu unterschiedlichen Antworten kommen. Wo das Gespräch über diese Fragen verweigert wird, werden sich zunehmend Christen von ihrer Mitverantwortung für den Weg der Kirche entfremden.